APOSTILA EXERCÍCIOS DE CONTABILIDADE GERAL

MAIS DE 500 EXERCÍCIOS COM GABARITO

ORGANIZADOR: ZÉLIO CABRAL

1ª. Edição – Brasil - 2017

"Instruir-te-ei e ensinar-te-ei o caminho que deves seguir; guiar-te-ei com os meus olhos."

(Salmos 32.8)

SUMÁRIO

INTRODUÇÃO

Esta Apostila de Exercícios de Contabilidade Geral é direcionada para os candidatos que desejam ingressar na carreira pública através do concurso público na área fiscal. Com mais de 500 exercícios propostos com gabarito, o objetivo é atingir não só o interessado que é graduado na área contábil, como também o leigo (não afeito à contabilidade) que não dispõe de muito tempo para leitura e tenha dificuldade para a compreensão da matéria. Esses aspirantes querem entender a contabilidade no menor espaço de tempo com o mínimo grau de complexidade. Daí o diferencial deste livro, que privilegiou a objetividade do assunto para facilitar o aprendizado do candidato que não é graduado em Contabilidade.

Estas questões dá uma visão do objeto de estudo da contabilidade que é Patrimônio, para, em seguida, abordar a Teoria da Contabilidade. Assuntos como Patrimônio, Equações patrimoniais, Apuração do resultado e regimes de contabilidade, Escrituração, Princípios contábeis, Balanço patrimonial, Demonstração do resultado do exercício, Demonstrações complementares, são abordados de forma objetiva, sem exageros em textos longos e complexos.

O autor adotou uma didática que apresenta um programa que concilie a pesquisa acadêmica que procura identificar o que é habitual sobre o assunto almejado e os editais de concursos públicos que enfatizam a prática profissional. Tudo para capacitar e preparar o candidato para realizar o exame com êxito e de maneira segura.

Este é um manual destinado a candidatos a concursos públicos, principalmente Bacen, Esaf (auditor fiscal e técnico do Tesouro Nacional), INSS, Tribunal de Contas, contador (Estados e Municípios) e outras carreiras públicas. Indicado também para a disciplina Introdução à Contabilidade dos cursos de graduação em Ciências Contábeis, Administração e Economia. Que esta obra venha a atender aos anseios de todos àqueles que almejam ingressar na carreira pública.

Zélio Cabral

1 - EXERCÍCIOS DE CONTABILIDADE GERAL

001) Considerando que a Contabilidade está voltada ao controle e a obtenção de informações acerca das entidades econômico-administrativas, marque a opção para cujas pessoas a Contabilidade não tem nenhum interesse.

a) Um acionista de uma grande empresa da qual detenha apenas uma ação.

b) Os diretores de uma empresa, cujo objeto social está relacionado com semoventes.

c) O sócio de uma cooperativa que está falida.

d) Os depositantes de conta corrente de casas bancárias.

e) Nenhuma das anteriores.

002) Assinale a opção **incorreta**:

a) A Contabilidade não é aplicada no serviço público.

b) Rédito é o resultado da atividade econômica.

c) Pelo regime de caixa, o rédito é apurado pelo confronto entre recebimentos e os pagamentos efetuados no decorrer do período administrativo.

d) Período administrativo é, em regra, o período de um ano.

e) As sociedades comerciais distinguem-se das associações porque aquelas buscam um rédito econômico.

003) Com relação às finalidades para as quais se usa a informação contábil, marque a alternativa **incorreta**.

a) Controle.

b) Planejamento.

c) Como meio de verificação.

d) Como meio de comunicação

e) Para apuração do rédito (exclusivamente).

004) A contabilidade visa, essencialmente, fornecer informações úteis acerca da gestão econômica da azienda.

005) As pessoas físicas não aplicam a contabilidade, haja vista usarem o regime de caixa e a contabilidade usa, somente, o regime de competência.

006) A finalidade da Contabilidade é:

a) determinar o resultado das entidades

b) atender a legislação comercial e fiscal, que exige das empresas a elaboração das chamadas demonstrações financeiras

c) controlar o patrimônio das entidades, apurar o resultado e prestar informações sobre a situação patrimonial e o resultado das entidades aos usuários da informação contábil

d) registrar os custos, as despesas, as receitas e apurar o resultado da entidade

e) estabelecer as relações de débito e de crédito do proprietário com os agentes consignatários e agentes correspondentes

007) É verdadeira a afirmação que exclui o ente público do rol dos interessados na ciência contábil.

008) De todas, a mais importante finalidade da Contabilidade, ressalte-se, modernamente, a de:

a) servir de base para a apuração e tributação do Imposto de Renda;

b) possibilidade de cumprimento das exigências da Legislação Comercial;

c) ter conseguido um refinamento na linguagem e nos procedimentos adotados;

d) constituir instrumento essencial nas funções de planejamento e controle para a empresa;

e) n.d.a.

009) Embora as finalidades para as quais se usa a informação contábil possam ser catalogadas de várias formas, podemos indicá-las da seguinte forma:

a) controle e planejamento

b) análise e escrituração

c) previsão e registros contábeis

d) econômica e sociológica

e) política e auditoria

010) Não constitui finalidade da contabilidade:

— Obter informações acerca da composição política da diretoria de uma S.A..

011) A contabilidade visa estudar o patrimônio das entidades, por isso é finalidade da contabilidade o registro da riqueza dos sócios de uma entidade.

012) (MEMORIAL/SP/99) O objetivo da utilização da informação pelo FISCO é:

a) Avaliação da informação para tomada de decisões

b) Verificação da liquidez da sociedade

c) Comprovação dos dividendos distribuídos

d) Tributação.das atividades da empresa

e) n.d.a.

013) (CESPE/TCU-1998) O campo de atuação da contabilidade pública

abrange as entidades privadas que recebem recursos oriundos de contribuições parafiscais.

estende-se às pessoas jurídicas de direito público, bem como a algumas de suas entidades vinculadas, não apenas de direito público.

abrange as fundações e empresas públicas que utilizam recursos à conta do orçamento público.

visa precipuamente ao controle da aplicação dos recursos públicos provenientes do Tesouro.

não visa, diferentemente da contabilidade empresarial, ao controle do patrimônio público, mas sim ao controle dos recursos orçamentários disponíveis.

014) Assinale a opção **incorreta**.

a) A Contabilidade registra os fenômenos econômicos que afetam o patrimônio das aziendas, provocadas/consentidas ou não pela administração.

b) Agentes fiscais, gerentes de bancos, clientes fornecedores, acionistas, administradores e investidores têm interesse na informação contábil.

c) Avaliar as decisões e o planejamento, auxiliar o controle e determinar o rédito de período são objetivos (fins) da Contabilidade.

d) A escrituração é o método utilizado pela Contabilidade para registrar os fatos contábeis ocorridos em uma entidade.

e) O campo de aplicação da Contabilidade abrange qualquer tipo de pessoa física ou jurídica, com finalidades lucrativas ou não, que tenha necessidade de exercer atividades econômicas para alcançar suas finalidades.

015) Quanto à Contabilidade como um todo, analise e julgue os itens abaixo:

É o único meio utilizado para o planejamento eficaz.

As leis que disciplinam sua eficácia são veiculadas pelo Conselho Federal de Contabilidade.

Rédito é sinônimo de resultado e este pode ser positivo ou negativo, conforme lucro ou prejuízo

Um bom controle evita perda de tempo e dinheiro.

Gestão é aplicada às Aziendas para obtenção de rédito positivo, enquanto que Administração está voltada para réditos beneficentes

016) A Contabilidade deve registrar:

Todos os atos administrativos, praticados durante a gestão da Azienda

Todos os fatos que alteram o patrimônio, quer qualitativamente, quer quantitativamente

Todos os fenômenos que possam gerar riquezas futuras à entidade, em observância ao princípio da prudência

As receitas de exercícios futuros em contas do passivo exigível quando estas podem, por algum motivo, ser devolvidas.

As receitas de vendas a prazo somente no recebimento e as despesas somente no pagamento em observância ao princípio da competência do pagamento

017) Num contexto de economia globalizada, mister se faz que as entidades econômico-administrativas se especializem cada vez mais, no sentido de obterem controles eficazes de suas existências para salvaguardarem os seus ativos e não incorrer em passivos insolváveis. Para tanto, necessitam de pessoas que tenham conhecimentos plenos das teorias, práticas e da legislação acerca de diversos assuntos. Dentre essas entidades inclui-se o Estado. Diante do exposto, em termos de Contabilidade, assinale, dentre as opções abaixo, o conceito de Contabilidade que a defina com "aspecto" de oficialidade.

a) Contabilidade é uma metodologia especialmente concebida para captar, acumular, resumir e interpretar os fenômenos que afetam as situações patrimoniais, financeiras e econômicas de qualquer ente, seja pessoa física, entidade de finalidades não lucrativas, empresa, ou mesmo, pessoa jurídica de Direito Público com fins lucrativos.

b) Contabilidade é a ciência que estuda e pratica as funções de orientação, de controle e de registro relativos à administração econômica.

c) Contabilidade é a ciência que estuda e controla o patrimônio das entidades, mediante o registro, a demonstração expositora e a interpretação dos fatos nele ocorridos, com o fim de oferecer informações sobre sua composição e variação, bem como sobre o resultado econômico decorrente da gestão da riqueza patrimonial explorada.

d) Contabilidade é a arte de registrar os fatos contábeis.

e) Contabilidade é a ciência que pratica o estudo do patrimônio com o fim de apurar o rédito.

018) Quanto a função de controle, a Contabilidade pode ser utilizada, exceto para:

a) Como meio de comunicação.

b) Como motivação.

c) Como meio de verificação.

d) Exclusivamente apuração do rédito (resultado).

e) Avaliar a gestão.

019) Assinale a alternativa que conceitue corretamente CONTABILIDADE:

a) Ciência que trata dos fenômenos relativos à produção, distribuição, acumulação e consumo dos bens materiais

b) Técnica que registra as ocorrências que afetam o patrimônio de uma entidade

c) Ciência que estuda e pratica as funções de orientação, controle e registro dos atos e fatos de uma administração econômica

d) Técnica que consiste na decomposição, comparação e interpretação dos demonstrativos do estado patrimonial e do resultado econômico de uma entidade

e) Conjunto de princípios, normas e funções que tem por fim ordenar os fatores de produção e controlar a sua produtividade e eficiência, para se obter determinado resultado

020) A Contabilidade registra:

a) os fenômenos econômicos que afetam o patrimônio das aziendas, provocados ou consentidos pela administração;

b) os fenômenos econômicos e não-econômicos que afetam o patrimônio das aziendas, provocados, consentidos ou não pela administração;

c) os fenômenos econômicos e não-econômicos que afetam o patrimônio das aziendas provocados ou consentidos pela administração;

d) os fenômenos econômicos que afetam o patrimônio das aziendas, provocados e consentidos ou não pela administração;

e) n.d.a.

021) (ESAF/TTN–1992/SP) O Primeiro Congresso Brasileiro de Contabilidade, realizado na cidade do Rio de Janeiro, de 17 a 27 de agosto de 1924, formulou um conceito oficial de CONTABILIDADE. Assinale a opção que indica esse conceito oficial.

a) Contabilidade é a ciência que estuda o patrimônio do ponto de vista econômico e financeiro, observando seus aspectos quantitativo e específico e as variações por ele sofridas

b) Contabilidade é a ciência que estuda e pratica as funções de orientação, de controle e de registro relativas à Administração Econômica.

c) Contabilidade é a metodologia especial concebida para captar, registrar, reunir e interpretar os fenômenos que afetam as situações patrimoniais, financeiras e econômicas de qualquer ente.

d) Contabilidade é a arte de registrar todas as transações de uma companhia que possam ser expressas em termos monetários e de informar os reflexos dessas transações na situação econômico-financeira dessa companhia.

e) Contabilidade é a ciência que estuda e controla o patrimônio das entidades, mediante registro, demonstração expositiva, confirmação, análise e interpretação dos fatos nele ocorridos.

022) É objeto da Contabilidade:

a) Os bens, direito e situação líquida.

b) O conjunto dos haveres, direitos e obrigações.

c) O controle da entidade

d) O conjunto de bens, direitos e obrigações.

e) A evidenciação do patrimônio, para que os bancos possam emprestar dinheiro às entidades.

023) A Contabilidade tem por objeto

a) a empresa

b) a pessoa física e jurídica

c) a apuração de resultado de uma entidade

d) o patrimônio

e) os lançamentos a débitos de uma conta e a crédito de outra conta

024) O campo de aplicação e o objeto da Contabilidade:

a) confundem-se;

b) são distintos, pois o primeiro é o patrimônio e o segundo é a azienda;

c) podem ser dissociados, pois o primeiro independe da existência do segundo;

d) são distintos, pois o primeiro é a azienda e o segundo é o patrimônio;

e) n.d.a

025) De acordo com a corrente doutrinária hoje dominante, o objeto e o campo de aplicação da Contabilidade são, respectivamente:

a) o crédito e as organizações;

b) as contas da azienda e o seu patrimônio;

c) o controle dos valores patrimoniais e a administração financeira das empresas;

d) o patrimônio e a azienda;

e) n.d.a

026) (ESAF/TTN-1994/vespertino) -"O patrimônio, que a contabilidade estuda e controla, registrando todas as ocorrências nele verificadas."

"Estudar e controlar o patrimônio, para fornecer informações sobre sua composição e variações, bem como sobre o resultado econômico decorrente da gestão da riqueza patrimonial."

As proposições indicam, respectivamente,

a) o objeto e a finalidade da contabilidade

b) a finalidade e o conceito da contabilidade

c) o campo de aplicação e o objeto da contabilidade

d) o campo de aplicação e o conceito de contabilidade

e) a finalidade e as técnicas contábeis da contabilidade

2 - FUNÇÃO ECONÔMICA DA CONTABILIDADE

027) É função econômica da Contabilidade:

a) apurar lucro ou prejuízo;

b) controlar o patrimônio;

c) evitar erros e fraudes;

d) efetuar o registro dos fatos contábeis;

e) verificar a autenticidade das operações.

3 - TÉCNICAS CONTÁBEIS

028) O Balanço Patrimonial é (C ou E):

Uma situação dinâmica e se presta a decomposição para análises.

Um demonstrativo que fornece a situação de uma entidade em dado momento, como se fora uma fotografia.

Um dos principais demonstrativos e deve ser elaborado segundo os princípios de Contabilidade e a Lei n.º 6.404/76.

Um demonstrativo que fornece, por si só, amplos aspectos de análise, visto que é composto por todas as contas analíticas

Uma técnica contábil de partidas dobradas de duas colunas, sendo que do lado esquerdo vão os bens e direitos e do lado direito as obrigações.

029) (MEMORIAL/SP/99) Ao fim de cada exercício social, a Diretoria fará elaborar, com base na escrituração mercantil da companhia, as seguintes demonstrações financeiras, que deverão exprimir com clareza a situação do patrimônio da companhia e as mutações ocorridas no exercício: Com base nas informações acima indique a proposição que responde corretamente ao indicado pela Lei das Sociedades por ações.

a) balanço patrimonial, demonstração do resultado do exercício, demonstração das origens e aplicações de recursos;

b) demonstração dos lucros ou prejuízos acumulados e demonstração do resultado do exercício;

c) demonstração do resultado do exercício e demonstração das origens e aplicações de recursos;

d) demonstração das origens e aplicações de recursos;

e) n.d.a.

030) As técnicas de que a Contabilidade se utiliza para alcançar os seus objetivos são:

a) escrituração, planejamento, coordenação e controle

b) escrituração, balanços, inventários e orçamentos

c) contabilização, auditoria, controle e análise de balanços

d) auditoria, análise de balanços, planejamento e controle

e) auditoria, escrituração, análise de balanços e demonstração

031) Considera-se ramo contábil:

a) a auditoria e análise de balanço

b) a fiscalização e auditoria

c) o planejamento e análise de balanço

d) o controle e auditoria

e) a meteorologia e escrituração

032) (TFC/ESAF/96) Decomposição, comparação e interpretação dos demonstrativos do estado patrimonial e do resultado econômico de uma entidade é

a) função econômica da Contabilidade

b) objeto da Contabilidade

c) técnica contábil chamada Análise de Balanços

d) finalidade da Contabilidade

e) função administrativa da Contabilidade

033) (CONTROLADADORIA/2000) Os fatos contábeis provocam modificações na estrutura de patrimônio e o seu registro deverá ser feito de maneira cronológica, selecionando-os em grupos homogêneos e evidenciando seus aspectos qualitativos e quantitativos. Isso caracteriza a Técnica Contábil de

a) Controle

b) Planejamento

c) Auditoria

d) Escrituração

e) Demonstrações Contábeis

4 - PATRIMÔNIO

034) Quando A < P, sendo A o Ativo e P o Passivo exigível, teremos:

a) inexistência de Dívida

b) inexistência de Ativo

c) passivo a descoberto

d) passivo menor que Bens e Direitos

e) situação superavitária

035) Numa situação patrimonial o ATIVO, em nenhuma hipótese, poderá ser:

a) maior do que o Passivo Exigível

b) menor do que o Passivo Exigível

c) maior do que a Situação Líquida

d) menor do que a Situação Líquida

e) maior do que o Capital dos Proprietários

036) Considerando A = Ativo, P = Passivo Exigível e SL = Situação Líquida, assinale a opção que identifique estado patrimonial **inconcebível.**

a) A P   A
       b)

    SL   P SL

c) A P d) A P

   SL

e) A SL

037) O Patrimônio Líquido de uma empresa **não pode ser:**

a) maior do que o Ativo

b) menor do que o Passivo Exigível

c) menor do que o Ativo

d) maior do que o Passivo Exigível

e) igual ao Passivo Exigível

038) Assinale a **incorreta**

a) O método de escrituração utiliza-se da técnica das partidas dobradas.

b) O patrimônio é composto pelo conjunto de bens, direitos e obrigações.

c) Chama-se de ativo o conjunto de bens e direitos e de passivo exigível ao conjunto das obrigações.

d) Azienda tem correlação com fazenda, uma vez que ambos consideram um patrimônio sob ação (gestão) do homem.

e) Apurar resultado é função econômica da Contabilidade e nas sociedades comerciais o objetivo é um rédito positivo.

039) Abaixo são dadas diversas situações patrimoniais. Assinale a que indica a pior situação econômica da empresa:

a) Situação Líquida igual a zero

b) Situação Líquida igual ao ativo

c) Situação Líquida igual ao Passivo Exigível

d) Situação Líquida positiva, mas menor que o Passivo Exigível

e) Passivo Exigível maior do que o Ativo

040) Assinale a alternativa que indica situação patrimonial inconcebível:

a) Situação Líquida igual ao Ativo

b) Situação Líquida maior do que o Ativo

c) Situação Líquida menor do que o Ativo

d) Situação Líquida maior do que o Passivo Exigível

e) Situação Líquida menor do que o Passivo Exigível

041) Com relação ao Patrimônio, julgue os seguintes itens:

Patrimônio bruto é igual ao capital aplicado

Patrimônio líquido negativo quer dizer passivo a descoberto, que ocorre somente se tivermos a conta prejuízos acumulados com saldo diferente de zero.

O patrimônio deve ser autônomo, não podendo ser compartilhado por diversas empresas, pois do contrário teríamos diversos patrimônios autônomos, segundo o Princípio da Entidade.

Patrimônio líquido menor em decorrência de diminuições de ativos, legalmente previstas, satisfaz a correta aplicação do princípio da Prudência.

O ativo realizável a longo prazo e o passivo exigível a longo prazo não podem existir em um patrimônio, cuja Entidade tem o seu término previsto no final do exercício social em curso.

042) Não são considerados bens sob o ponto de vista econômico:

a) Semoventes.

b) Frutos pendentes.

c) Animais no pasto.

d) Águas do mar

e) Uma marca de empresa.

043) Na maioria das empresas comerciais, o Ativo suplanta o Passivo (Obrigações). Assim, a representação mais comum do patrimônio de uma empresa comercial assume a forma:

a) Passivo + Ativo = Patrimônio Líquido;

b) Ativo + Patrimônio Líquido = Passivo;

c) Ativo = Passivo + Patrimônio Líquido;

d) Ativo Permanente + Ativo Circulante = Passivo;

e) Ativo + Situação Líquida = Passivo.

044) Diz-se que a situação líquida é negativa quando o Ativo total é:

a) maior que o Passivo Total;

b) maior que o Passivo Exigível;

c) igual à soma do Passivo Circulante com o Passivo Exigível a Longo Prazo;

d) igual ao Passivo Exigível;

e) menor que o Passivo Exigível.

045) Assinale a alternativa que indica situação patrimonial inconcebível:

a) Situação Líquida igual ao Ativo;

b) Situação Líquida maior que o Ativo

c) Situação Líquida menor que o Ativo;

d) Situação Líquida maior que o Passivo Exigível;

e) Situação Líquida menor que o Passivo Exigível.

046) Assinale a alternativa correta:

a) Patrimônio é um conjunto de bens, direitos e obrigações;

b) os bens se dividem em tangíveis e intangíveis;

c) as alternativas A e B estão corretas;

d) Patrimônio é um conjunto de bens;

e) n.d.a.

047) Assinale a alternativa correta:

a) direitos representam valores a receber, por vendas a prazo;

b) obrigações representam dívidas ou compromissos perante terceiros;

c) resultado é a diferença entre o valor das receitas e o valor das despesas;

d) a pessoa física ou natural é o ser humano (o homem ou a mulher), enquanto pessoa jurídica é o ser de existência abstrata que nasce da reunião de duas ou mais pessoas físicas ou jurídicas;

e) todas as alternativas estão

048) (TFC/ESAF/96) Em relação ao patrimônio bruto e ao patrimônio líquido de uma entidade, todas os afirmações abaixo são verdadeiras, <u>exceto</u>

a) o patrimônio bruto nunca pode ser inferior ao patrimônio líquido

b) o patrimônio bruto e o patrimônio líquido não podem ter valor negativo

c) o patrimônio bruto e o patrimônio líquido podem ter valor inferior ao das obrigações da entidade

d) o soma dos bens e direitos a receber de uma entidade constitui o seu patrimônio bruto, enquanto o patrimônio líquido é constituído desses mesmos bens e direitos, menos as obrigações

e) o patrimônio bruto pode ter valor igual ao patrimônio líquido

049) (TFC/ESAF/96) Na composição do patrimônio de uma empresa

a) se o ativo for maior do que o passivo exigível, a situação líquida também o será

b) se o passivo exigível for maior do que a situação líquida, caracteriza-se o chamado passivo descoberto

c) se ativo e passivo exigível tiverem valores iguais, a situação líquida terá valor negativo

d) se o ativo tiver valor igual a zero, a situação líquida também o terá

e) se a ordem decrescente de valores for ativo, passivo exigível e situação líquida, a situação líquida será positiva

050) (TFC/ESAF/96) Entre as situações patrimoniais abaixo relacionadas, marque a opção que indica maior percentual de riqueza própria

a) P=SL e SL<A

b) A>SL e SL>P Legendas:

c) A=SL e SL>P A = ativo

d) SL<P e P<A P = passivo exigível

e) A=P e P>SL SL = situação líquida

051) O campo de aplicação da Contabilidade é a Azienda. A Azienda é um ente cuja existência se verifica a partir da reunião dos seguintes elementos essenciais:

a) Patrimônio, Trabalho e Organização

b) Contabilidade, Patrimônio e Gestão

c) Planejamento, Organização e Controle

d) Patrimônio, Trabalho e Administração

e) Registro, Orientação e Controle.

052) Assinale a alternativa correta

a) Os elementos essenciais da azienda são patrimônio, administração e Contabilidade

b) O organismo administrativo é composto por órgãos diretivos, órgãos executivos e órgãos vocativos

c) O objeto da Contabilidade é o patrimônio, que ela estuda e pratica, registrando as ocorrências que lhe afetam a estrutura qualitativa

d) Contabilidade é a ciência que estuda e pratica as funções de registro, de auditoria e de coordenação dos atos da administração econômica

e) O campo de atuação e o objeto da Contabilidade são distintos um do outro, pois, o primeiro é a azienda e o segundo é o patrimônio

053) O campo de aplicação da Contabilidade é a azienda. Por azienda compreende-se:

a) a entidade de natureza econômica, com finalidade lucrativa

b) o controle das operações de uma organização

c) o planejamento das atividades econômica-financeiras de uma empresa

d) o complexo de bens, direitos e obrigações, considerado juntamente com a entidade que o administra

e) a série de atos e fatos praticados e ocorridos numa entidade

054) A palavra AZIENDA é comumente usada na Contabilidade como sinônimo de fazenda, na acepção de:

a) conjunto de bens e haveres;

b) mercadorias;

c) finanças públicas;

d) grande propriedade rural;

e) patrimônio, considerado juntamente com a pessoa que tem sobre ele poderes de administração e disponibilidade.

056) Assinale a opção **incorreta:**

a) A Contabilidade não é aplicada no serviço público.

b) Rédito é o resultado da atividade econômica.

c) Pelo regime de caixa, o rédito é apurado pelo confronto entre recebimentos e os pagamentos efetuados no decorrer do período administrativo.

d) Período administrativo é, em regra, o período de um ano.

e) As sociedades comerciais distinguem-se das associações porque aquelas buscam um rédito econômico.

057) Dentre os itens abaixo, assinale aquele que não representa uma assertiva verdadeira.

a) A contabilidade é uma ciência que possui princípios próprios, cujo fundamento reside na valoração econômica dos bens.

b) A administração Pública utiliza a contabilidade de modo diferenciado em relação à administração privada, pois na escrituração das receitas utiliza o regime de caixa.

c) O regime de caixa produz, invariavelmente, o mesmo resultado que o regime de competência.

d) Capital em giro da sociedade é a soma dos capitais próprios e de terceiros.

e) Capital de giro é relativo as disponibilidades e o realizável, ressalvadas as contingências, mas incluídos os investimentos.

058) (AFC/STN/ESAF/2000) Ao fim de cada exercício social, a Diretoria fará elaborar, com base na escrituração mercantil da companhia, as demonstrações financeiras, para exprimir com clareza a situação do patrimônio da companhia e as mutações ocorridas durante o exercício.

A seguir temos cinco frases a respeito desse assunto. Assinale aquela que representa uma afirmativa verdadeira.

a) O exercício social terá a duração de 1 (um) ano e a data do início e do término deverá ser fixada no estatuto.

b) As demonstrações financeiras deverão registrar a destinação do lucro proposta pelos órgãos da administração, desde que tenha havido a aprovação pela assembléia geral.

c) As notas explicativas deverão indicar os investimentos em outras sociedades, mas apenas aqueles investimentos que forem, e quando forem, relevantes.

d) Como componentes do grupo resultados de exercícios futuros deverão ser classificadas as receitas de exercícios futuros, ou seja, aquelas receitas que tiverem sido recebidas antecipadamente.

e) As contas de depreciação acumulada são componentes do ativo imobilizado, enquanto que as contas de amortização acumulada integram o ativo diferido.

059) (ANALISTA JUDICIÁRIO/TRF/4ª/2001) É registro que caracteriza regime de competência, o relativo ao

a) de uma despesa a pagar.

b) da compra de mercadorias à vista.

c) do pagamento de duplicata pela compra de veículo a prazo.

d) da venda de mercadoria à vista.

e) do pagamento de uma despesa.

060) (ESAF/AFC/STN/2000) Uma empresa que contabiliza suas operações pelo regime de caixa, quando as comparar com o princípio da competência, para fins de balanço, vai verificar que as despesas incorridas, mas não pagas no exercício, provocaram

a) um passivo menor que o real e um lucro maior que o real

b) um passivo maior que o real e um lucro menor que o real

c) um ativo maior que o real e um lucro maior que o real

d) um ativo maior que o real e um lucro menor que o real

e) um ativo maior que o real e um passivo menor que o real

061) (AFRF/ESAF/2001) José Henrique resolveu medir contabilmente um dia de sua vida começando do "nada" patrimonial.

De manhã cedo nada tinha. Vestiu o traje novo (calça, camisa, sapatos, etc.), comprado por R$ 105,00, mas que sua mãe lhe deu de presente. Em seguida tomou R$ 30,00 emprestados de seu pai, comprou o jornal por R$ 1,20, tomou o ônibus pagando R$ 1,80 de passagem. Chegando ao CONIC, comprou fiado, por R$ 50,00, várias caixas de bombons e chicletes e passou a vendê-los no calçadão. No fim do dia, cansado, tomou uma refeição de R$ 12,00, mas só pagou R$ 10,00, conseguindo um desconto de R$ 2,00. Contou o dinheiro e viu que vendera metade dos bombons e chicletes por R$ 40,00.

Com base nessas informações, podemos ver que, no fim do dia, José Henrique possui um "capital próprio" no valor de:

a) R$ 120,00

b) R$ 189,00

c) R$ 2,00

d) R$ 187,00

e) R$ 107,00

062) (TRF/ESAF/2000) Ao inventariar sua riqueza de acordo com o regime contábil de caixa, os proprietários concluíram que, hoje, sua firma possui débitos no valor de R$ 190.000,00, créditos no valor de R$ 180.000,00, um capital registrado e todo integralizado no valor de R$ 80.000,00, além de diversos bens no valor de R$ 100.000,00.

Foi também apurada a existência de R$ 1.000,00 de receitas já ganhas mas ainda não quitadas; de R$ 1.300,00 de despesas quitadas antecipadamente; de uma conta de energia elétrica no valor de R$ 2.000,00 vencida e não paga; além da expectativa de perda da ordem de 1% no recebimento de letras com valor nominal de R$ 50.000,00.

Ao demonstrar o patrimônio acima indicado, contabilizando-o segundo os princípios contábeis da Prudência e da Competência de Exercícios, essa empresa vai evidenciar no grupo Patrimônio Líquido um lucro acumulado no valor de

a) R$ 9.800,00

b) R$ 7.200,00

c) R$ 10.000,00

d) R$ 27.200,00

e) R$ 30.000,00

063) (UFSC/FISCAL-SC-1998) Num dado momento, seja **A** o valor do Ativo, **P** o valor do Passivo e **PL** o valor do Patrimônio Líquido de uma entidade. Sejam as equações:

I. $A - P = PL$

II $P = A - PL$

III $A + PL = P$

IV. $A - P - PL = 0$

À luz da Resolução CFC nº 750, de 29 de dezembro de 1993, pode-se afirmar que

A.( ) apenas as equações I e II são equivalentes.

B.( ) as equações I e III são equivalentes.

C.( ) apenas as equações I e IV são equivalentes.

D.( ) as equações I, II e IV são equivalentes.

E.( ) a equação III é válida quando a entidade apresenta uma situação de "passivo a descoberto".

064) (ESAF/TTN-1994/matutino) Considere os dados a seguir:

01.05.93 - Vendas á vista Cr$ 4.000.000,0001.05.93 - Vendas a prazo Cr$ 8.000.000,0001.05.93 - Compras a prazo Cr$ 2.400.000,0001.05.93 - Pagamento de duplicatas Cr$ 5.000.000,0001.05.93 - Depósito bancário Cr$ 2.800.000,0001.05.93 – Recebimento de duplicata Cr$ 3.800,000,0002.05.93 - Saldo inicial Cr$ 100.000,00

O saldo final de Caixa, em 30.04.93, era de

a) Cr$ 100.000,00, devedor

b) Cr$ 200.000,00, credor

c) Cr$ 200.000,00, devedor

d) nihil

e) Cr$ 100.000,00, credor

065) Marque a opção **correta**.

a) O princípio da competência impõe que as despesas sejam apropriadas ao período a que corresponderem, assim temos que num empréstimo bancário com pagamento de juros antecipados, estes devem ser apropriados ao período em que foram pagos.

b) A gestão econômica denomina-se exercício social, que consiste no espaço de tempo em que, ao seu término, as entidades apuram e demonstram seus resultados, sendo que sempre coincide com o ano-calendário.

c) Escrituração é o método contábil encarregado no registro dos fatos patrimoniais de forma contínua e metódica, tendo como apoio a documentação relativa a esses fatos.

d) A análise de balanço é a técnica e/ou especialização da Contabilidade que consiste na transformação dos dados para obter informações estatísticas acerca do patrimônio analisado.

e) As receitas consideram-se realizadas, pelo regime de competência, sempre que desaparecer um passivo sem o correspondente ativo, com um lançamento a crédito no passivo.

066) Julgue os itens abaixo:

Uma das formas de controle contábil é ordenar um fluxo para os documentos que devem informar a escrituração

A análise de balanço é uma técnica e uma especialização da Contabilidade, e baseia-se nas demonstrações contábeis.

Pelo princípio do registro pelo valor original, devemos entender que os componentes patrimoniais não poderão ter alterados os seus valores intrínsecos, não configurando alteração a atualização monetária

A escrituração deve ser feita sempre que se tiver razoável certeza dos fatos, mesmo que não se possua a documentação hábil que os instrui.

A técnica da escrituração é a base de toda Contabilidade, devendo esta ser efetuada em ordem cronológica de dia, mês e ano, não se admitindo, em hipótese alguma, que os registros não estejam em ordem cronológica.

067) As técnicas Contábeis se distinguem dos métodos contábeis. Entende-se que as técnicas são gêneros dos quais os métodos são espécies.

068) Representa uma obrigação a conta:

a) Prêmio de Seguros

b) Seguros a Pagar

c) Seguros a Vencer

d) Seguros Contratados

e) Seguros Pagos Antecipadamente

069) Através das funções contábeis, a contabilidade exerce as atividades de:

Escriturar, organizar e apurar as condições do patrimônio

Inspecionar e informar aos administradores as condições do patrimônio

Escriturar e informar as condições do patrimônio, somente

Escriturar e informar a situação do patrimônio, somente

As afirmativas 1 e 2 estão corretas

070) A Contabilidade é uma:

Técnica que consiste na decomposição, comparação e interpretação dos demonstrativos do estado patrimonial e do resultado econômico de uma entidade

Ciência

Ciência com metodologia especialmente concebida para captar, registrar e interpretar os fenômenos que afetam as situações patrimoniais

Ciência com metodologia especialmente concebida para captar, registrar e interpretar os fenômenos que não afetam as situações patrimoniais

As afirmativas 1 e 3 estão corretas

071) Pela diferença aritmética entre os direitos e as obrigações, podemos analisar o patrimônio sob o aspecto:

Jurídico

Econômico

Específico

Financeiro

As alternativas 3 e 4 estão erradas

GABARITO DOS EXERCÍCIOS DESTE CAPÍTULO

001- E	002 A	003- E	004- C	005- E	006-C	007 E	008 D	009 A	010 C
011- E	012 D	013- E C E E	014- D	015- E E C C E	016- E C E C E	017- B			
018- D	019- C	020- D	021- B	022- D	023- D	024- D 025- D 026- A 027- A			
028- E C C E E	029- A	030- E	031- A	032- C	033- D	034- C 035- D 036- B			
037- A	038- A	039- C	040- B	041- C C C C C	042- D	043- C 044- E 045- B			
046- C	047- E	048- B	049- E	050- C	051- D	052- E 053- D 054- E 055- B			
056- A	057- C	058- C	059- A	060- A	061- E	062- A 063- D 064- A 065- D			
066- C C C E E	067- C	068- B	069- C C E E C	070- E C C E E	071- E C E E C				

5 - PRINCÍPIOS DE CONTABILIDADE

072) O Código Civil conceitua as pessoas em naturais ou físicas e jurídicas. Estas são uma criação abstrata da lei. Com relação ao assunto, marque a assertiva **correta**, com relação a Contabilidade.

a) Por ser a pessoa jurídica uma criação abstrata da lei, não há nenhuma implicação, antes o contrário, de se misturar as contas particulares com as da pessoa jurídica.

b) Do princípio da entidade, que é um dos princípios fundamentais da Contabilidade, infere-se que os bens particulares não se confundem com os bens da entidade que é formada pelo conjunto de bens dos particulares, mas a recíproca não é verdadeira.

c) O administrador deve ter soberania, em função do princípio da autonomia da entidade, sobre seu patrimônio, não importando a forma como gere seus negócios.

d) A entidade, que é dos sócios, rege-se pelo contrato social ou estatuto, conforme o caso, e este pode, expressamente, autorizar os administradores (diretores e gerentes) a usar recursos da sociedade (como por exemplo veículos) em atividades particulares.

e) Eventuais saldos de balanço podem ser rateados entre os diretores da área financeira e contábil, se assim os estatutos, expressamente, permitirem.

073) Quanto aos bens de uma empresa, assinale a **incorreta**.

a) Devem ser relacionados de forma distinta dos de seus sócios.

b) Constituem uma entidade autônoma de seus titulares.

c) A azienda não deve ser confundida com o patrimônio dos particulares, visto a gestão ser dos particulares e estes devem, sempre que a empresa necessitar e pelo princípio da continuidade, socorrê-la economicamente ou com bens.

d) A Contabilidade tem como objetivo o controle, o planejamento e o rédito, para salvaguardar bens e direitos, entre outros.

e) A tributação envolve a transferência de patrimônio dos particulares (bens numerários) aos cofres públicos, decorrendo daí, entre outras, uma necessidade do conhecimento de Contabilidade dos servidores de órgãos arrecadadores, ou seja, envolve patrimônio, que é o objeto da Contabilidade.

074) **(TCU/CESPE-1995)** Os princípios fundamentais de Contabilidade estão consubstanciados na Resolução n.º 750, de 1993, do Conselho Federal de Contabilidade, que, posteriormente, editou um apêndice destinado a um maior esclarecimento de seu conteúdo e abrangência. Com base no exposto, julgue os itens a seguir.

(1) Os princípios, ao contrário das normas, devido à diversidade das entidades e à evolução contínua do ambiente econômico, são adotados segundo as concepções teórico-doutrinárias dos profissionais da Contabilidade.

(2) A existência de duas entidades sob controle comum, ainda que consolidem suas demonstrações contábeis, não afeta o princípio da entidade, mantendo-se as respectivas autonomias patrimoniais.

075) **(PCF/UnB/CESPE-97)**Os princípios fundamentais de contabilidade representam a essência das doutrinas e teorias relativas à ciência da contabilidade, consoante o entendimento predominante nos universos científico e profissional brasileiros. Concernem, pois, à contabilidade no seu sentido mais amplo de ciência social, cujo objeto é o patrimônio das entidades. Com base nesse assunto, julgue os itens a seguir.

(1) O patrimônio pertence à entidade, mas a recíproca não é verdadeira. A soma ou agregação contábil de patrimônios autônomos não resulta em nova entidade, mas em uma unidade de natureza econômico-contábil.

076) (INSS/CESPE-98) A Resolução CFC n.º 750, de 29 de dezembro de 1993, estabeleceu os princípios fundamentais de contabilidade aplicáveis ás sociedades brasileiras. A respeito desse assunto, julgue os itens seguintes.

(1) Na aplicação dos princípios fundamentais de contabilidade a situações concretas, a essência das transações deve prevalecer sobre seus aspectos formais.

077) (**CVM/ESAF/ANALISTA-2001**) O procedimento de segregar o patrimônio da empresa avaliada do patrimônio de seus sócios está fundamentado no conceito da

a) entidade

b) identidade

c) prudência

d) materialidade

e) relatividade

078) (**TÉC-CONTAB/CONTROLADORIA-99**) Ao analisar a formação e a estrutura patrimonial, é correto afirmar que

a) o Ativo representa "Bens e Direitos" que são elementos negativos na estrutura do patrimônio

b) o complexo de bens, materiais ou não, direitos, ações, posse e tudo o mais que pertence a uma pessoa ou empresa e seja suscetível de apreciação econômica, denomina-se Patrimônio

c) a pessoa jurídica é a unidade jurídica resultante de um agrupamento humano organizado, estável, objetivando fins de utilidade pública ou privada, inteiramente distinta dos indivíduos que a compõem, capaz de possuir, exercitar direitos e contrair obrigações

d) a conta que representa o investimento dos sócios é a conta Caixa

e) no Ativo registramos somente os bens tangíveis que são representados, por exemplo, por Marcas e Patentes

079) (**ESAF/FISCAL-FORTALEZA/98**) Jorge Trapalhão é comerciante (revenda de produtos veterinários) e fazendeiro. Apesar de a fazenda não estar incorporada ao patrimônio da firma comercial, ele não faz distinção dos fatos decorrentes de sua dupla atividade, na escrituração do estabelecimento comercial, em que pese utilizar normalmente empregados e produtos de um em outro estabelecimento.

O procedimento de Jorge Trapalhão, analisado sob o aspecto contábil, está

a) correto, porque Jorge Trapalhão é pessoa física, uma vez que, de acordo com o Código Civil, a pessoa jurídica não pode ser formada de um único indivíduo

b) incorreto, porque contraria o princípio contábil da Competência

c) correto, porque, qualquer que seja o seu sistema de escrituração, o resultado de suas atividades reverter-se-á totalmente em seu benefício

d) incorreto, porque contraria o princípio contábil da Entidade

e) correto, porque, apesar de os misturar, ele não omite nem adultera os fatos contábeis decorrentes de sua dupla atividade

080) (ANALISTA/JUD-CONTADOR-99) A autonomia patrimonial, fulcro do Princípio da Entidade, objetiva especificamente estabelecer que

a) não seja confundido o patrimônio da entidade com o de seus sócios.

b) a contabilidade deve individualizar um patrimônio particular no universo dos patrimônios.

c) o patrimônio se caracteriza como o objeto da contabilidade.

d) o patrimônio pertence a uma pessoa, a um conjunto de pessoas, a uma sociedade, ou a uma instituição de qualquer natureza.

e) a soma de patrimônios autônomos não resulta em nova entidade.

081) (TCU/CESPE-1998) Os princípios fundamentais de contabilidade representam a essência das doutrinas e das teorias relativas à ciência da contabilidade, consoante o entendimento predominante nos universos científico e profissional brasileiros. Concernem, pois, à contabilidade no seu sentido mais amplo de ciência social, cujo objeto é o patrimônio das entidades. Relativamente a esse assunto, julgue os itens a seguir.

(1) A suspensão das atividades de uma entidade pode provocar efeitos na utilidade de determinados ativos, com a perda, até mesmo integral, de seu valor.

082) (TCU/CESPE-1995) Os princípios fundamentais de Contabilidade estão consubstanciados na Resolução n.º 750, de 1993, do Conselho Federal de Contabilidade, que, posteriormente, editou um apêndice destinado a um maior esclarecimento de seu conteúdo e abrangência. Com base no exposto, julgue os itens a seguir.

(1) O princípio da continuidade aplica-se tanto à cessação integral quanto parcial das atividades de uma entidade, bem como em relação ao grau de utilização de suas instalações, com reflexos no nível de produção.

083) (PCF/UnB/CESPE-97)Os princípios fundamentais de contabilidade representam a essência das doutrinas e teorias relativas à ciência da contabilidade, consoante o entendimento predominante nos universos científico e profissional brasileiros. Concernem, pois, à contabilidade no seu sentido mais amplo de ciência social, cujo objeto é o patrimônio das entidades. Com base nesse assunto, julgue os itens a seguir.

(1) A denominação **princípio da continuidade,** como também a **entidade em marcha,** ou **going concern,** é encontrada em muitos sistemas de normas no exterior e também na literatura contábil estrangeira. Embora tal principio também parta do pressuposto de que a entidade deva concretizar seus objetivos continuamente — o que nem sempre significa a geração de riqueza no sentido material —, não se fundamenta na idéia da entidade em movimento.

084) (INSS/CESPE-98) A Resolução CFC n.⁰ 750, de 29 de dezembro de 1993, estabeleceu os princípios fundamentais de contabilidade aplicáveis ás sociedades brasileiras. A respeito desse assunto, julgue os itens seguintes.

(1) Conforme o principio do registro pelo valor original, uma vez integrado ao patrimônio, o bem, o direito ou a obrigação não poderá ter alterado seu valor intrínseco, admitindo-se, tão-somente, sua decomposição em elementos e/ou sua agregação, parcial ou integral, a outros elementos patrimoniais.

085) (ANALISTA/JUD-CONTADOR-99) O Princípio da Continuidade objetiva afirmar que a Entidade

a) é susceptível de descontinuidade.

b) tem a composição de seu patrimônio afetada, na descontinuidade de suas atividades.

c) tem seu patrimônio afetado, segundo as condições prováveis em que se possam desenvolver suas operações.

d) pode ter a utilidade de alguns de seus ativos afetada, na suspensão de suas atividades.

e) na sua aplicação, tem como situação-limite, a completa cessação de suas atividades.

086) (AFPS/CESPE-Unb/2001)A continuidade influencia o valor econômico dos ativos e, em, em muitos casos, o valor ou o vencimento dos passivos, especialmente quando a extinção da entidade tiver prazo determinado, previsto ou previsível.

087) (TCU/CESPE-1998) Os princípios fundamentais de contabilidade representam a essência das doutrinas e das teorias relativas à ciência da contabilidade, consoante o entendimento predominante nos universos científico e profissional brasileiros. Concernem, pois, à contabilidade no seu sentido mais amplo de ciência social, cujo objeto é o patrimônio das entidades. Relativamente a esse assunto, julgue os itens a seguir.

(1) Como resultado da observância do princípio da oportunidade, o registro deve ensejar o reconhecimento universal das variações ocorridas no patrimônio da entidade, em um período de tempo determinado, base necessária para gerar informações úteis ao processo decisório da gestão.

088) (PCF/UnB/CESPE-97) Os princípios fundamentais de contabilidade representam a essência das doutrinas e teorias relativas à ciência da contabilidade, consoante o entendimento predominante nos universos científico e profissional brasileiros. Concernem, pois, à contabilidade no seu sentido mais amplo de ciência social, cujo objeto é o patrimônio das entidades. Com base nesse assunto, julgue os itens a seguir.

(1) Como resultado da observância do princípio da oportunidade, o registro compreende os elementos quantitativos e qualitativos, referindo-se apenas aos aspectos monetários.

089) (INSS/CESPE-98) A Resolução CFC n.º 750, de 29 de dezembro de 1993, estabeleceu os princípios fundamentais de contabilidade aplicáveis ás sociedades brasileiras. A respeito desse assunto, julgue os itens seguintes.

(1) Como resultado da observância do princípio da oportunidade, o registro das variações patrimoniais não deve ser feito na hipótese de somente existir razoável certeza de sua ocorrência, mesmo que tecnicamente estimável.

090) (TEC/CEF/2000) Com relação aos princípios contábeis, julgue os itens a seguir.

(1) O registro das variações patrimoniais, mesmo que tecnicamente estimável, deve ser feito apenas quando existir total certeza de sua ocorrência.

091) (PCF/UnB/CESPE-97)Os princípios fundamentais de contabilidade representam a essência das doutrinas e teorias relativas à ciência da contabilidade, consoante o entendimento predominante nos universos científico e profissional brasileiros. Concernem, pois, à contabilidade no seu sentido mais amplo de ciência social, cujo objeto é o patrimônio das entidades. Com base nesse assunto, julgue os itens a seguir.

(1) Do princípio do registro pelo valor original, resulta que a avaliação dos componentes patrimoniais deve ser feita com base nos valores de entrada, considerando-se como tais os resultantes do consenso com os agentes externos ou da imposição destes.

092) (INSS/CESPE-98) A Resolução CFC n.º 750, de 29 de dezembro de 1993, estabeleceu os princípios fundamentais de contabilidade aplicáveis ás sociedades brasileiras. A respeito desse assunto, julgue os itens seguintes.

(1) A continuidade influencia o valor econômico dos ativos e, em muitos casos, o valor ou o vencimento dos passivos.

093) (TEC/CEF/2000) Com relação aos princípios contábeis, julgue os itens a seguir.

(1) A avaliação dos componentes patrimoniais deve ser feita com base nos valores de saída, considerando-se como tais os resultantes do consenso com agentes externos ou que sejam impostos por estes.

094) Com relação aos princípios fundamentais de Contabilidade, assinale a alternativa incorreta.

a) Pelo princípio da oportunidade deve-se contabilizar de imediato e de forma integral os fatos que estejam tecnicamente estimados, mesmo que exista somente razoável certeza de sua ocorrência.

b) Os registros contábeis, pelo princípio da oportunidade, compreendem os elementos quantitativos e qualitativos, contemplando os aspectos físicos e monetários.

c) A observância do princípio da oportunidade é indispensável à correta aplicação do princípio da competência.

d) A continuidade influencia o valor econômico dos ativos e, em muitos casos, o valor ou o vencimento dos passivos, especialmente quando a entidade tem prazo determinado, previsto ou previsível ou em decorrência de passivo a descoberto.

e) A análise de balanço, quando utilizados mais de um período, deve ter os efeitos externos (inflação por exemplo) eliminados, presenciando-se neste momento o princípio da atualização monetária.

095) (TCU/CESPE-1995) Os princípios fundamentais de Contabilidade estão consubstanciados na Resolução n.º 750, de 1993, do Conselho Federal de Contabilidade, que, posteriormente, editou um apêndice destinado a um maior esclarecimento de seu conteúdo e abrangência. Com base no exposto, julgue os itens a seguir.

(1) A aplicação do princípio da atualização monetária possibilita a recomposição do valor original de todos os componentes patrimoniais das entidades, e de suas variações, por meio de índices específicos de preços.

096) Pelo princípio da competência as receitas devem ser reconhecidas:

a) Pelo surgimento de um ativo em contrapartida de um passivo de igual valor.

b) Pelo recebimento antecipado de clientes, por conta de entrega futura de bens e/ou serviços.

c) Pelo recebimento, em doação, de uma máquina que vai ser utilizada na atividade fabril da empresa, mas que já se encontrava totalmente depreciada pela entidade doadora.

d) Nas transações com terceiros, quando estes efetivarem o pagamento ou assumirem compromisso firme de efetivá-lo, quer pela investidura da propriedade de bens anteriormente pertencentes a entidade, quer pela fruição de serviços por eles prestados.

e) Pela geração natural de novos passivos independentemente da intervenção de terceiros.

097) Ainda, com relação ao princípio da competência, julgue os itens abaixo e assinale a alternativa **correta**.

a) A despesa considera-se ocorrida sempre que desaparecer um ativo.

b) O surgimento natural de novos passivos é considerado como sendo uma despesa.

c) Considera-se incorrida a despesa no recebimento de clientes, com desconto.

d) Nas transações com terceiros, só se considera incorrida as despesas, no momento do pagamento.

e) Sempre que se da algum desconto, mesmo que incondicional, considera-se incorrida uma despesa.

098) Julgue os itens abaixo e assinale a opção **incorreta**.

a) O patrimônio é o conjunto de bens, direitos e obrigações.

b) Quando uma empresa ganha uma receita, aumenta o seu ativo e o PL.

c) A ocorrência de uma despesa acarreta a diminuição das disponibilidades.

d) Entende-se como "receita diferida" uma receita recebida e ainda não ganha.

e) O fato gerador de uma receita de serviço enquadra-se, normalmente, de maneira mais adequada, ao período da execução do serviço.

099) **(TCU/ESAF-1999)** Registrada em 25 de fevereiro de 1998, a "Firma Mento Ltda." funcionou normalmente até o fim do ano, contabilizando seus resultados sob a ótica do Regime Contábil de Caixa. Ao chegar a dezembro foi informada de que, para elaborar seus balanços, teria de observar o Regime Contábil da Competência de Exercícios, em obediência aos princípios contábeis e às determinações legais.

O lucro do exercício de 1998 já estava contabilizado sob regime de caixa e computava os seguintes elementos:

- Salários correspondentes aos meses de fevereiro a dezembro: R$ 3.960,00, faltando pagar apenas o mês de dezembro, no valor de R$ 360,00;

- Seguros correspondentes aos meses de fevereiro de 1998 a janeiro de 1999, totalmente pago, à razão de R$ 80,00 por mês;

- Serviços prestados durante todo o período, à razão de R$ 450,00 ao mês, inclusive fevereiro de 1998, faltando receber apenas o mês de dezembro/98;

- Juros vencidos a favor da "Firma Mento", no valor de R$ 600,00, totalmente recebidos;

- Impostos e taxas municipais no valor de R$ 400,00, já vencidos mas ainda não pagos;

- Comissões recebidas em 1998 mas que se referem ao exercício de 1999, no valor de R$ 100,00.

Ao fazer as correções de lançamentos para ajustar o lucro líquido ao regime de competência, a empresa, naturalmente, provocou alterações no valor contábil do resultado antes contabilizado. Essas alterações significaram:

a) redução do lucro em R$ 330,00

b) redução do lucro em R$ 640,00

c) aumento do lucro em R$ 310,00

d) aumento do lucro em R$ 370,00

e) aumento do lucro em R$ 1.030,00

100) (TCU/CESPE-1998) Os princípios fundamentais de contabilidade representam a essência das doutrinas e das teorias relativas à ciência da contabilidade, consoante o entendimento predominante nos universos científico e profissional brasileiros. Concernem, pois, à contabilidade no seu sentido mais amplo de ciência social, cujo objeto é o patrimônio das entidades. Relativamente a esse assunto, julgue os itens a seguir.

(1) De acordo com o princípio da competência, considera-se realizada uma despesa quando da extinção, parcial ou total, de um passivo, qualquer que seja o motivo, sem o desaparecimento concomitante de um ativo de valor igual ou maior.

101) (TCU/CESPE-1998) Os princípios fundamentais de contabilidade representam a essência das doutrinas e das teorias relativas à ciência da contabilidade, consoante o entendimento predominante nos universos científico e profissional brasileiros. Concernem, pois, à contabilidade no seu sentido mais amplo de ciência social, cujo objeto é o patrimônio das entidades. Relativamente a esse assunto, julgue os itens a seguir.

(1) A receita de serviços deve sempre ser reconhecida de forma proporcional ao recebimento das parcelas contratuais.

102) (TCU/CESPE-1995) Os princípios fundamentais de Contabilidade estão consubstanciados na Resolução n.º 750, de 1993, do Conselho Federal de Contabilidade, que, posteriormente, editou um apêndice destinado a um maior esclarecimento de seu conteúdo e abrangência. Com base no exposto, julgue os itens a seguir.

(1) Constitui receita, segundo o princípio da competência, o cancelamento de uma dívida originada em exercício anterior, que seria apurada no exercício corrente e provisionada em contrapartida a ajuste de exercícios anteriores.

103) (MPOG/ESAF/2000) Na aplicação dos Princípios Fundamentais de Contabilidade, é correto afirmar que:

a) havendo completa cessação das atividades da entidade, os valores diferidos não poderão mais ser convertidos em despesas.

b) as variações patrimoniais não são reconhecidas quando não há certeza definitiva de sua ocorrência.

c) no recebimento de doação pela entidade, o registro deve ser feito pelo valor de mercado.

d) a utilização da moeda do País nos registros contábeis assegura a representação de unidade constante de poder aquisitivo.

e) a apropriação de receitas e despesas é vinculada ao recebimento de numerário ou ao desembolso de caixa.

104) (INSS/CESPE-97) De acordo com o princípio da competência, as receitas e as despesas devem ser incluídas na apuração do resultado do período em que ocorrerem, sempre simultaneamente quando se relacionarem, independentemente de recebimento e pagamento. Em conformidade com esse conceito, as receitas devem ser reconhecidas.

(1) nas transações com terceiros, quando estes efetuarem o pagamento ou assumirem compromisso firme de efetivá-lo, que pela investidura da propriedade de bens anteriormente pertencentes à entidade, quer pela fruição de serviços por esta prestados.

(2) quando da extinção, parcial ou total, de um ativo, qualquer que seja o motivo, sem desaparecimento concomitante de um passivo de valor igual ou menor.

(3) ela geração natural de novos passivos, independentemente da intervenção de terceiros.

(4) pelo recebimento efetivo de coações destinada à cobertura de despesas administrativas.

(5) pelo recebimento antecipado de clientes, por conta de entrega futura de bens e/ou serviços.

105) (MIC/ESAF/98) O Chefe pediu ao Contador uma conciliação dos resultados do mês de março para saber se a firma andava com os pagamentos em dia. Na conciliação o Contador apurou que havia:

- juros de fevereiro, pagos em março, no valor de R$ 1.000,00;

- aluguel de março ainda não pago, no valor de R$ 2.000,00;

- conta relativa ao consumo de energia elétrica em março, paga no mesmo mês, no valor de R$ 3.000,00;

- aluguel relativo ao mês de abril, já pago antecipadamente no mês de março, no valor de R$ 4.000,00;

- juros ganhos no mês de março, mas ainda não recebidos, no valor de R$ 4.000,00;

- receitas recebidas em março, por serviços que só serão realizados no mês de abril, no valor de R$ 3.000,00;

- juros relativos ao mês de março, recebidos no próprio mês, no valor de R$ 2.000,00; e

- comissões ganhas em fevereiro mas recebidas apenas no mês de março, no valor de R$ 1.000,00.

O Contador fez o trabalho e informou ao Chefe que, de acordo com o Princípio Contábil da Competência, o resultado apurado no mês de março foi:

a) um prejuízo de R$ 2.000,00

b) um prejuízo de R$ 1.000,00

c) um resultado nulo ou igual a zero

d) um lucro de R$ 1.000,00

e) um lucro de R$ 2.000,00

106) (ESAF/AFC-STN-2000) Uma empresa que contabiliza suas operações pelo regime de caixa, quando as comparar com o princípio da competência, para fins de balanço, vai verificar que as despesas incorridas, mas não pagas no exercício, provocaram

a) um passivo menor que o real e um lucro maior que o real

b) um passivo maior que o real e um lucro menor que o real

c) um ativo maior que o real e um lucro maior que o real

d) um ativo maior que o real e um lucro menor que o real

e) um ativo maior que o real e um passivo menor que o real

107) (AFTN/ESAF/98) A empresa Jasmim S/A, cujo exercício social coincide com o ano-calendário, pagou, em 30/04/97, o prêmio correspondente a uma apólice de seguro contra incêndio de suas instalações para viger no período de 01/05/97 a 30/04/98. O valor pago de R$ 30.000,00 foi contabilizado como despesa operacional do exercício de 1997. Observando o princípio contábil da competência, o lançamento de ajuste, feito em 31.12.1997, provocou, no resultado do exercício de 1998, uma

a) majoração de R$ 10.000,00

b) redução de R$ 30.000,00

c) redução de R$ 20.000,00

d) majoração de R$ 20.000,00

e) redução de R$ 10.000,00

108) Assinale a opção com texto incorreto:

a) O princípio da Prudência impõe a escolha da hipótese de que resulte menor patrimônio líquido, quando se apresentarem opções igualmente aceitáveis diante dos demais Princípios Fundamentais de Contabilidade

b) O uso da moeda do País na tradução do valor dos componentes patrimoniais constitui imperativo de homogeneização quantitativa dos mesmos.

c) O reconhecimento simultâneo das receitas e despesas, quando correlatas, é conseqüência natural do respeito ao período em que ocorrer sua geração

d) O desaparecimento, parcial ou total, de um passivo, qualquer que seja o motivo, e o surgimento de um passivo, sem o correspondente ativo, considerando-se, respectivamente, despesa incorrida e receita realizada.

e) A atualização monetária não representa nova avaliação, mas, tão-somente, o ajustamento dos valores originais para determinada data, mediante a aplicação de indexadores, ou outros elementos aptos a traduzir a variação do poder aquisitivo da moeda nacional em um dado período.

109) **(TEC/CEF/2000)** Com relação aos princípios contábeis, julgue os itens a seguir.

(1) As receitas consideram-se realizadas nas transações com terceiros, quando estes efetuarem o pagamento ou assumirem o compromisso firme de efetivá-lo, quer pela investidura na propriedade de bens anteriormente pertencentes à entidade vendedora, quer pela fruição de serviços por esta prestados.

110) **(TEC/CEF/2000)** Com relação aos princípios contábeis, julgue os itens a seguir.

(1) A despesa é considerada incorrida pelo surgimento de um passivo, sem o correspondente ativo.

111) **(TRT-4ª/ANAL.JUD.-2001)** É registro que caracteriza regime de competência, o relativo ao

(A) da compra de mercadorias à vista.

(B) do pagamento de duplicata pela compra de veículo a prazo.

(C) da venda de mercadoria à vista.

(D) do pagamento de uma despesa.

(E) de uma despesa a pagar.

112) (Fiscal-Natal-RN-ESAF-2001) A firma Previdente S/A, em 01/08/01, contratou um seguro anual para cobertura de incêndio avaliada em R$ 300.000,00, com vigência a partir da assinatura do contrato. O exercício social da Previdente é coincidente com o ano calendário. O prêmio cobrado pela seguradora é equivalente a 10% do valor da cobertura e foi pago em 31 de agosto de 2001. Em consonância com o princípio contábil da competência de exercícios, no balanço patrimonial de 31/12/01, a conta "Seguros a Vencer" constará com saldo atualizado de

    a) R$ 175.000,00

    b) R$ 30.000,00

    c) R$ 20.000,00

    d) R$ 17.500,00

    e) R$ 12.500,00

113) (MEMÓRIA/1999-SP) No término do exercício social, uma empresa prestadora de serviços observou que havia alguns serviços prestados a clientes que não estavam ainda faturados. Em obediência ao princípio da Competência, registrou contabilmente o fato mediante o seguinte lançamento:

a) Clientes Diversos a Serviços a Faturar

b) Serviços a Faturar a Receita Antecipada de Serviços

c) Serviços a Faturar a Receita de Serviços

d) Clientes Diversos a Receita Antecipada de Serviços

e) n.d.a.

114) (ESAF/AFTN-1994/setemb.) Assinale a opção com texto <u>incorreto</u>:

a) O princípio da Prudência impõe a escolha da hipótese de que resulte menor patrimônio líquido, quando se apresentarem opções igualmente aceitáveis diante dos demais Princípios Fundamentais de Contabilidade

b) O uso da moeda do País na tradução do valor dos componentes patrimoniais constitui imperativo de homogeneização quantitativa dos mesmos.

c) O reconhecimento simultâneo das receitas e despesas, quando correlatas, é conseqüência natural do respeito ao período em que ocorrer sua geração

d) O desaparecimento, parcial ou total, de um passivo, qualquer que seja o motivo, e o surgimento de um passivo, sem o correspondente ativo, considerando-se, respectivamente, despesa incorrida e receita realizada.

e) A atualização monetária não representa nova avaliação, mas, tão-somente, o ajustamento dos valores originais para determinada data, mediante a aplicação de indexadores, ou outros elementos aptos a traduzir a variação do poder aquisitivo da moeda nacional em um dado período.

115) (ESAF/FISCAL-FORTALEZA/98) No término do exercício social, uma empresa prestadora de serviços observou que havia alguns serviços prestados a clientes que não estavam ainda faturados. Em obediência ao princípio da Competência, registrou contabilmente o fato mediante o seguinte lançamento:

a) Clientes Diversos

a Serviços a Faturar

b) Serviços a Faturar

a Receita Antecipada de Serviços

c) Receita Antecipada de Serviços

a Receita de Serviços

d) Clientes Diversos

a Receita Antecipada de Serviços

e) Serviços a Faturar

a Receita de Serviços

116) (ESAF/TTN-1994/vespertino) - O pagamento de salários do mês de dezembro de 1992, feito em cheque, em 05.01.93, foi registrado mediante o seguinte lançamento (exercício social: 01.01 a 31/12):

a) Despesas de Salários

a Salários a Pagar

b) Salários a Pagar

a Despesas de Salários

c) Salários a Pagar

a Bancos

d) Despesas de Salários

a Bancos

e) Bancos

a Salários a Pagar

117) (AGERS/RS/98) Para uma empresa com exercício social igual ao ano civil e ciclo operacional de até 12 meses, uma compra feita no dia 10.12.X0, com vencimento para 15.12.X1 (prazo superior a um ano), sendo paga somente em 10.01.X2, será classificada nos balanços de 31.12.X0 e 31.12.X1, respectivamente, como:

a) PELP e PC

b) PC e PELP

c) PC e PC

d) PELP e PELP

e) Resultados de exercícios futuros e PELP.

118) (AFPS/CESPE-Unb/2001) Os juros de uma aplicação financeira de longo prazo com taxa prefixada devem ser contabilizados, em cada período, apenas pelos valores ganhos realizados no período, a débito do ativo de aplicação, em contrapartida da conta de receita financeira, não se reconhecendo como ativo real o valor futuro da aplicação.

119) (**ESAF-CVM/2001**) A Companhia de Reparos S.A. tem exercício social coincidente com o ano civil. Em dezembro de 2000 prestou serviços a uma indústria (conserto de máquinas), cobrando-lhe R$ 10.000,00, dos quais recebeu, contra recibo, dez por cento. Em janeiro de 2001 faturou o restante, dividindo o pagamento em 18 parcelas mensais e sucessivas de igual valor, vencendo a primeira delas em 31.01.01. De acordo com a Lei no 6.404/76 (Lei das Sociedades por Ações) a Companhia deve assim apropriar a receita

a) R$ 10.000,00 em 2000

b) R$ 1.000,00 em 2000 e R$ 9.000,00 em 2001

c) R$ 10.000,00 em 2001

d) R$ 1.000,00 em 2000; R$ 6.000,00 em 2001 e R$ 3.000,00 em 2002

e) R$ 7.000,00 em 2001 e R$ 3.000,00 em 2002

120) A escrituração, as Demonstrações financeiras ou contábeis, a auditoria e a análise de balanço são técnicas contábeis e dentre elas a auditoria e a análise de balanço são também especializações da Contabilidade. A Contabilidade se resume, basicamente, naquelas quatro técnicas, no entanto, para que as técnicas sejam corretamente aplicadas, há de se observar os princípios fundamentais de Contabilidade, e neste particular, assinale a assertiva **correta**.

a) Todos os custos relacionados à venda no período de apuração do resultado devem ser classificados como despesa operacional quando decorrerem de operações normais da entidade, o que satisfaz plenamente aos princípios da competência, oportunidade e prudência.

b) O registro pelo valor original é imperativo à correta contabilização, decorre do fato que não pode haver nenhuma alteração desses valores, sendo portanto incompatíveis entre si o princípio do registro pelo valor original e o princípio da prudência.

c) Pelo princípio da prudência deve-se classificar como despesa os custos de aquisição de imobilizado, de valor médio, que seja utilizado em somente três exercícios sociais, para diminuir a carga tributária de imediato, diminuindo, conseqüentemente, o PL.

d) O princípio da continuidade tem relevância fundamental na Contabilidade e toda sua essência esta na distribuição de lucros ou não aos diretores.

e) Pelo princípio da prudência devemos contabilizar os estoques pelo valor de realização, isto é, com o percentual de lucro embutido no preço de venda, quando estas estivem com razoável certeza.

121) Marque certo (C) ou errado (E), conforme o caso.

(1) A Contabilidade preocupa-se com fatos economicamente valorizáveis.

(2) Pelo princípio da prudência, deve-se registrar, dentre duas situações igualmente válidas, a que resultar no menor PL.

(3) Em decorrência do princípio da competência, considera-se receita do exercício social atual o recebimento de aluguéis adiantados.

(4) Uma empresa que possui um passivo maior que o ativo não possui patrimônio.

(5) O patrimônio de uma entidade filantrópica não carece de contabilização, pois não possui proprietários, nem sócios.

122) Assinale a **incorreta**.

a) A Contabilidade utiliza-se de meios para atingir sua finalidade. Como técnicas contábeis podemos citar: escrituração, demonstrações financeiras ou contábeis, auditoria e análise de balanço.

b) Princípios contábeis são preceitos fundamentais em que se baseiam a doutrina e a técnica contábil.

c) Os estoques devem ser avaliados pelo custo ou mercado, dos dois o menor. A afirmação satisfaz o princípio da prudência.

d) Uma empresa tem em estoque determinada mercadoria cujo custo de aquisição é de R$ 450,00. O seu valor de mercado, à data do balanço, é de R$ 380,00. O responsável pela Contabilidade resolveu, conhecedor dos princípios de Contabilidade que é e baseado no princípio da prudência, registrar uma provisão de R$ 70,00 para ajustar ao valor de mercado.

e) Os princípios fundamentais de Contabilidade vigentes no Brasil, que são em número de sete, a saber: o da entidade; o da continuidade; o da oportunidade; o do registro pelo valor original; o da atualização monetária; o da competência e o da prudência, estão legalmente formalizados por lei federal elaborada pelo Conselho Federal de Contabilidade.

123) Os princípios fundamentais de contabilidade representam a essência das doutrinas e teorias relativas à ciência da contabilidade, consoante o entendimento predominante nos universos científico e profissional brasileiros. Concernem, pois, à contabilidade no seu sentido mais amplo de ciência social, cujo objeto é o patrimônio das entidades. Com base nesse assunto, julgue os itens a seguir.

O patrimônio pertence à entidade, mas a reciproca não é verdadeira. a soma ou agregação contábil de patrimônios autônomos não resulta em nova entidade, mas em uma unidade de natureza econômico-contábil.

Como resultado da observância do princípio da oportunidade, o registro compreende os elementos quantitativos e qualitativos, referindo-se apenas aos aspectos monetários.

Do princípio do registro pelo valor original, resulta que a avaliação dos componentes patrimoniais deve ser feita com base nos valores de entrada, considerando-se como tais os resultantes do consenso com os agentes externos ou da imposição destes.

O princípio da prudência impõe a escolha da hipótese da qual resulte maior patrimônio líquido, quando se apresentarem opções igualmente aceitáveis diante dos demais princípios fundamentais de contabilidade.

A denominação **princípio da continuidade**, como também a entidade em marcha, ou going concern, é encontrada em muitos sistemas de normas no exterior e também na literatura contábil estrangeira. Embora tal princípio também parta do pressuposto de que a entidade deva concretizar seus objetivos continuamente - o que nem sempre significa a geração de riqueza no sentido material -, não se fundamenta na idéia da entidade em movimento.

124) Pagamento de salários em 05 de outubro, relativo ao mês de setembro é:

um fato permutativo em observância ao princípio da competência

um fato modificativo quando usado o regime de caixa

um fato misto, pois envolve o regime de competência e o regime de caixa

um fato que está em desacordo com os princípios contábeis

um fato diminutivo do PL pela correta aplicação do princípio da Prudência

125) Acerca do princípios de Contabilidade, julgue os itens seguintes:

A autonomia da entidade é o pressuposto principal do princípio da Entidade

A data da ocorrência do fato gerador de uma venda deve ser considerada como a data da ocorrência da receita e despesa, mesmo que o comprador seja um caloteiro e não paga as prestações , caso a venda seja a prazo

A constituição de provisão para ajuste ao valor de mercado é prática correta pela observância do princípio da Prudência

Ações em tesouraria são contas devedoras, que figuram no passivo, retificando o mesmo

Dividendos a pagar é uma correta aplicação do princípio da competência, e deve ser classificada no passivo circulante por representar uma obrigação da Companhia para com os acionistas da mesma.

126) (TCU/CESPE-1998) Os princípios fundamentais de contabilidade representam a essência das doutrinas e das teorias relativas à ciência da contabilidade, consoante o entendimento predominante nos universos científico e profissional brasileiros. Concernem, pois, à contabilidade no seu sentido mais amplo de ciência social, cujo objeto é o patrimônio das entidades. Relativamente a esse assunto, julgue os itens a seguir.

(1) A aplicação do princípio da prudência ganha ênfase quando, para definição dos valores relativos às variações patrimoniais, devam ser feitas estimativas que envolvam incertezas de grau variável.

127) (TCU/CESPE-1996) De acordo com a Resolução CFC n.º 750, de 29 de dezembro de 1993, é considerado princípio de Contabilidade o princípio

(1) da entidade.

(2) da objetividade.

(3) da oportunidade.

(4) da materialidade.

(5) do registro pelo valor original.

128) (PCF/UnB/CESPE-97) Os princípios fundamentais de contabilidade representam a essência das doutrinas e teorias relativas à ciência da contabilidade, consoante o entendimento predominante nos universos científico e profissional brasileiros. Concernem, pois, à contabilidade no seu sentido mais amplo de ciência social, cujo objeto é o patrimônio das entidades. Com base nesse assunto, julgue os itens a seguir.

(1) O principio da prudência impõe a escolha da hipótese da qual resulte maior patrimônio líquido, quando se apresentarem opções igualmente aceitáveis diante dos demais princípios fundamentais de contabilidade.

129) (INSS/CESPE-97) O princípio da prudência determina a adoção do menor valor para os componentes do ativo e do maior para os do passivo, sempre que se apresentem alternativas igualmente válidas para a quantificação das mutações patrimoniais que alterem o patrimônio líquido. Em consonância com esse princípio,

(1) os custos devem ser considerados como despesa no período em que ficar caracterizada a impossibilidade de eles contribuírem para a realização dos objetivos operacionais da entidade.

(2) todos os custos relacionados à venda no período de apuração do resultado devem ser classificados como despesa.

(3) os encargos financeiros decorrentes do financiamento de ativos de longa maturação devem ser ativados no período pré-operacional, com amortização a partir do momento em que o ativo entrar em operação.

(4) os custos relevantes de aquisição de ativo imobilizado são suscetíveis de apropriação para despesa, visando reduzir a carga tributária.

(5) é passível de contabilização como ativo o direito relativo a questão judicial, com possibilidade apenas remota de ganho.

130) (MIC/ESAF/98) A Minha Empresa mantém em estoque 800 unidades de mercadorias avaliadas em R$ 10.000,00, sendo R$ 4.000,00 relativos à mercadoria tipo "A", que tem custo unitário de R$ 10,00 e R$ 6.000,00 correspondentes à mercadoria tipo "B", cujo custo unitário é de R$ 15,00. No último dia do exercício social o custo de mercado dessas mercadorias estava cotado a R$ 12,00, tanto para o tipo "A" como para o tipo "B".O Contador, cumprindo as determinações da Lei 6.404/76 e em obediência ao Princípio Contábil da Prudência, deve apresentar no balanço patrimonial

a)Mercadorias (-) Provisão para Ajuste de Estoque R$ 10.000,00(R$ 400,00)

b)Mercadorias(-) Provisão para Ajuste de Estoque R$ 10.000,00(R$ 1.200,00)

c)Mercadorias (-) Provisão para Ajuste de Estoque R$ 10.000,00(R$ 2.400,00)

d)Mercadorias R$ 9.600,00

e)Mercadorias R$ 8.800,00

131) (TEC/CEF/2000) Com relação aos princípios contábeis, julgue os itens a seguir.

(1) O princípio da prudência impõe a escolha da hipótese da qual resulte maior patrimônio líquido, quando se apresentarem opções igualmente aceitáveis diante dos demais princípios fundamentais de contabilidade.

132) (AFTN/ESAF/96) Os efeitos no resultado do exercício decorrentes da mudança de critérios de avaliação dos estoques devem constar das notas explicativas. Este procedimento contábil está de acordo com o princípio contábil da (do)

1. prudência

2. evidenciação

3. custo histórico como base de valor

4. continuidade

5. confrontação

133) (AF-CE-ESAF-98) Em 15.12.97, um auditor tributário lavrou auto de infração contra uma sociedade anônima, por falta de recolhimento do Imposto sobre Serviços (ISS), notificando-a a recolher a importância de R$ 15.000,00, até o dia 15 de janeiro de 1998. Em 20.12.97, a empresa impugnou parcialmente o ato, discutindo o valor de R$ 5.000,00 e concordando em recolher o restante na data aprazada.

Sabendo que a empresa adota em sua escrituração os princípios da Competência e da Prudência, indique o procedimento correto para registrar o fato, por ocasião do levantamento do balanço patrimonial, em 31.12.97.

a) Não efetuar nenhum lançamento contábil, consignando o fato apenas em nota explicativa.

b) Lançar como despesa do exercício findo o valor total do auto de infração

c) Constituir reserva para contingências no valor de R$ 15.000,00.

d) Lançar como despesa do exercício findo o valor de R$ 10.000,00 e fazer provisão para contingências no valor de R$ 5.000,00.

e) Lançar como despesa do exercício findo o valor de R$ 10.000,00 e constituir reserva para contingências no valor de R$ 5.000,00.

134) (BACEN/CESPE/97) O princípio da prudência determina a adoção do menor valor para os componentes do ativo, e do maior, para os do passivo, sempre que se apresentem opções igualmente válidas para a quantificação das mutações patrimoniais que alterem o patrimônio líquido. Com base nessa afirmação, julgue os itens abaixo.

A Contabilidade deve manter um comportamento prudente e reconhecer as despesas mesmo antes que surja o fato gerador, sempre que se puder prever um acréscimo do passivo.

O Princípio da prudência impõe a escolha da hipótese da qual resulte um menor patrimônio líquido, quando se apresentarem opções igualmente aceitáveis diante dos demais princípios fundamentais da Contabilidade.

O princípio da prudência somente se aplica às mutações posteriores, constituindo ordenamento indispensável à correta aplicação do princípio da competência.

A aplicação do princípio da prudência ganha ênfase quando, para a definição dos valores relativos às variações patrimoniais, devam ser feitas estimativas que envolvam incertezas de grau variável.

O princípio da prudência é perfeitamente coerente com o registro no ativo de depósitos judiciais relativos a processos cuja probabilidade de sucesso é remota, sem que haja lançamento de provisão para contingência correspondente no passivo.

135) Marque a opção **incorreta**.

a) O pagamento antecipado de aluguel deve ser registrado como despesa no exercício social do efetivo pagamento pela correta observância do princípio da prudência.

b) O fato de um AFRF ou um AFPS vascular ou devassar a Contabilidade de uma empresa, não fere o princípio da entidade.

c) O fato de uma empresa, que trabalha com vendedores externos, adiantar a estes certa quantia para prováveis despesas de viagem, não contabilizar esses valores como despesa no ato do adiantamento, não estará infringindo o princípio da prudência.

d) A provisão do imposto de renda é uma decorrência do princípio da competência.

e) O rédito deve ser apurado, pelo menos, ao final de cada exercício social, devendo este ser feito com a extensão correta dos fatos efetivamente ocorridos naquele período.

136) (TÉC-CONTR-INTERNO) Devemos adotar o Princípio da Prudência sempre que se apresentem opções igualmente válidas para quantificação das mutações patrimoniais que alterem o Patrimônio Líquido.

A adoção deste princípio tem por objetivo

a) não proporcionar variação no patrimônio líquido

b) representar o ativo pelo maior valor

c) proporcionar menor valor para o resultado

d) representar o passivo pelo menor valor

e) proporcionar maior valor no resultado do exercício

137) (MEMÓRIA/1999-SP)São Princípios Fundamentais de Contabilidade, reconhecidos pelas Normas Brasileiras de Contabilidade:

I - o da ENTIDADE;

II - o da CONTINUIDADE;

III - o da OPORTUNIDADE;

IV - o do REGISTRO PELO VALOR ORIGINAL;

V - o da ATUALIZAÇÃO MONETÁRIA;

VI - o da COMPETÊNCIA e

VII - o da PRUDÊNCIA.

a) As afirmativas I e II estão corretas

b) As afirmativas I,II,III estão corretas

c) As afirmativas IV , V ,VI, e VII estão corretas

d) Todas as opções estão corretas

e) n.d.a.

138) (ESAF/TTN-1994/matutino) Assinale a opção com afirmativa incorreta.

a) Lançamento de complementação é aquele que vem posteriormente, complementar, aumentando ou reduzindo, o valor anteriormente registrado.

b) O critério de maior valor para os itens do ativo e da receita e o de menor valor para os itens do passivo e despesa, com os efeitos correspondentes no Patrimônio Liquido. serão adotados para registro, diante de opções na escolha de valores.

c) São elementos essenciais do lançamento: local e data, conta debitada, conta creditada, histórico e valor.

d) O estorno consiste em lançamento inverso àquele feito erroneamente, anulando-o totalmente.

e) Lançamento de transferência é aquele que promove a regularização de conta indevidamente debitada ou creditada, através da transposição do valor para a conta adequada.

139) (INSS/CESPE-98) A Resolução CFC n.º 750, de 29 de dezembro de 1993, estabeleceu os princípios fundamentais de contabilidade aplicáveis ás sociedades brasileiras. A respeito desse assunto, julgue os itens seguintes.

(1) Na aplicação dos princípios fundamentais de contabilidade a situações concretas, a essência das transações deve prevalecer sobre seus aspectos formais.

(2) Como resultado da observância do princípio da oportunidade, o registro das variações patrimoniais não deve ser feito na hipótese de somente existir razoável certeza de sua ocorrência, mesmo que tecnicamente estimável.

(3) A continuidade influencia o valor econômico dos ativos e, em muitos casos, o valor ou o vencimento dos passivos.

(4) Conforme o principio do registro pelo valor original, uma vez integrado ao patrimônio, o bem, o direito ou a obrigação não poderá ter alterado seu valor intrínseco, admitindo-se, tão-somente, sua decomposição em elementos e/ou sua agregação, parcial ou integral, a outros elementos patrimoniais.

(5) O princípio da prudência não se aplica somente às mutações posteriores.

140) (CESPE/TCU-1995) Os princípios fundamentais de Contabilidade estão consubstanciados na Resolução n.º 750, de 1993, do Conselho Federal de Contabilidade, que, posteriormente, editou um apêndice destinado a um maior esclarecimento de seu conteúdo e abrangência. Com base no exposto, julgue os itens a seguir.

(1) Os princípios, ao contrário das normas, devido à diversidade das entidades e à evolução contínua do ambiente econômico, são adotados segundo as concepções teórico-doutrinárias dos profissionais da Contabilidade.

(2) A existência de duas entidades sob controle comum, ainda que consolidem suas demonstrações contábeis, não afeta o princípio da entidade, mantendo-se as respectivas autonomias patrimoniais.

(3) O princípio da continuidade aplica-se tanto à cessação integral quanto parcial das atividades de uma entidade, bem como em relação ao grau de utilização de suas instalações, com reflexos no nível de produção.

(4) A aplicação do princípio da atualização monetária possibilita a recomposição do valor original de todos os componentes patrimoniais das entidades, e de suas variações, por meio de índices específicos de preços.

(5) Constitui receita, segundo o princípio da competência, o cancelamento de uma dívida originada em exercício anterior, que seria apurada no exercício corrente e provisionada em contrapartida a ajuste de exercícios anteriores.

141) (CESPE/TCU-1998) Os princípios fundamentais de contabilidade representam a essência das doutrinas e das teorias relativas à ciência da contabilidade, consoante o entendimento predominante nos universos científico e profissional brasileiros. Concernem, pois, à contabilidade no seu sentido mais amplo de ciência social, cujo objeto é o patrimônio das entidades. Relativamente a esse assunto, julgue os itens a seguir.

(1) De acordo com o princípio da competência, considera-se realizada uma despesa quando da extinção, parcial ou total, de um passivo, qualquer que seja o motivo, sem o desaparecimento concomitante de um ativo de valor igual ou maior.

(2) A aplicação do princípio da prudência ganha ênfase quando, para definição dos valores relativos às variações patrimoniais, devam ser feitas estimativas que envolvam incertezas de grau variável.

(3) Como resultado da observância do princípio da oportunidade, o registro deve ensejar o reconhecimento universal das variações ocorridas no patrimônio da entidade, em um período de tempo determinado, base necessária para gerar informações úteis ao processo decisório da gestão.

(4) A receita de serviços deve sempre ser reconhecida de forma proporcional ao recebimento das parcelas contratuais.

(5) A suspensão das atividades de uma entidade pode provocar efeitos na utilidade de determinados ativos, com a perda, até mesmo integral, de seu valor.

GABARITO DOS EXERCÍCIOS DESTE CAPÍTULO

072- B	073- C	074-EC	075- C	076- C	077- A	078- C	079- D	080- B	081- C
082- C	083- C	084- C	085- C	086- C	087- C	088- E	089- E	090- E	091- C
092- C	093- E	094- D	095- E	096- C	097- C	098- C	099- A	100- E	101- E
102- E	103- C	104- C E E C E	105- D	106- A	107- E	108- D	109- C	110- C	
111- E	112- D	113- C	114- D	115- E	116- C	117- C	118- C	119- A	120- A
121- C C E E E	122- E	123- C E C E C	124- C C E E E	125- C C C C C	126- C				
127- C E C E C	128- E	129- C C C E E	130- B	131- E	132- B* NULA	133- E			
134- E C C C E	135- A	136- C	137- D	138- B	139- C E C C E	140- E C C E E			
141- E C C E C									

6 - O ESTUDO DO CAPITAL

142) (ESAF/TTN-1994/matutino)

- Empresa: Cia. Industrial Camilinha   Cr$

- Capital Social em 30/06/92:   2.400,00

Reserva da Correção Monetária do Capital Social em 30/06/92: 7.200,00

- Reserva de Lucro Suspenso em 30/06/92:   4.800,00

- Aumento do Capital Social em 30/11/92:

1) Em moeda corrente: 24.000,00

2) Com Reserva da Correção Monetária do Capital Social: 21.600,00

3) Com Reserva de Lucro Suspenso: 12.000,00

Obs.: As reservas incorporadas ao capital social estavam atualizadas até a data do evento.

- Valores da UFIR diária (hipotéticos)

em 30/06/92: Cr$ 24,00 em 30/11/92: Cr$ 60,00 em 31/12/92: Cr$ 80,00

- Registro Contábil da Correção Monetária do Balanço Periodicidade: Mensal

- Periodicidade dos balanços em 1992: Semestral

Após a contabilização em 30/11/92 do aumento do capital social, a conta Reserva da Correção Monetária do Capital Social apresentou, na mesma data, o seguinte saldo:

a) zero

b) Cr$ 18.000,00

c) CR$ 14.400,00

d) Cr$ 16.800,00

e) Cr$ 2.400,00

143) (ESAF/TTN-1994/matutino)

- Empresa: Cia. Industrial Camilinha   Cr$

- Capital Social em 30/06/92:   2.400,00

- Reserva da Correção Monetária do Capital Social em 30/06/92: 7.200,00

- Reserva de Lucro Suspenso em 30/06/92:   4.800,00

- Aumento do Capital Social em 30/11/92:

1) Em moeda corrente: 24.000,00

2) Com Reserva da Correção Monetária do Capital Social: 21.600,00

3) Com Reserva de Lucro Suspenso: 12.000,00

Obs.: As reservas incorporadas ao capital social estavam atualizadas até a data do evento.

- Valores da UFIR diária (hipotéticos)

em 30/06/92: Cr$ 24,00 em 30/11/92: Cr$ 60,00 em 31/12/92: Cr$ 80,00

- Registro Contábil da Correção Monetária do Balanço Periodicidade: Mensal

- Periodicidade dos balanços em 1992: Semestral

No período de 01/11/92 a 31/12/92 não houve aumento ou redução do capital social da Cia. Industrial Camilinha e, em decorrência, o saldo da conta Reserva da Correção Monetária do Capital Social, em 31/12/92, importou em

a) Cr$ 22.400.00

b) Cr$ 12.800.00

c) Cr$ 32.000.00

d) Cr$ 8.000.00

e) Cr$ 20.000.00

144) (ICMS/MS/2000) A empresa Concursus Ltda. efetuou um débito no total de R$ 100,00 em uma conta de ativo. Simultaneamente registrou um crédito de igual montante em uma conta do patrimônio líquido. Assinale, dentre as alternativas abaixo, aquela que melhor representa essa transação :

a) Venda de um imóvel.

b) Aquisição de um veículo por meio de operação de leasing.

c) Financiamento a curto prazo.

d) Aumento do capital social com integralização de numerário.

145) (MEMÓRIA/1999-SP)É correto afirmar que os recursos investidos pelos proprietários, serão classificadas no seguinte grupo:

a) passivo circulante;

b) passivo exigível a longo prazo;

c) resultados de exercícios futuros;

d) patrimônio líquido;

e) n.d.a.

147) Com relação ao o que se pode afirmar sobre capital, julgue os seguintes itens

É o conjunto de bens e direitos aplicados no ativo, tratando-se no caso de capital total à disposição da entidade.

Capital social é o mesmo que capital nominal menos capital a integralizar

O capital de terceiros mais o capital próprio é igual ao somatório das origens de recursos e este por sua vez é igual ao total das aplicações

Capital social representa o montante de recursos colocado a disposição da entidade, pelos sócios, e em certos casos, acrescido do produto da gestão formalmente a ele incorporados.

Capital subscrito é aquele pelo qual os sócios ou acionistas se comprometem com a entidade, sendo responsabilidade dos mesmos a sua integralização.

148) (INSS/CESPE-97) No balanço patrimonial, a diferença entre o valor dos ativos e dos passivos e o resultado de exercícios futuros representa o patrimônio líquido que é o valor contábil pertencente aos acionistas ou sócios. De acordo com a Lei n.º 6.404/76, o patrimônio líquido pode incluir

1. capital social, que representa valore recebidos pela empresa ou valores por ela gerados que estão formalmente incorporados ao capital social.

2. reservas de capital, que representam valores recebidos, inexigíveis e que não transitam por contas de resultado.

3. provisões para contingências, representando prováveis compromissos futuros, de fatos contábeis ocorridos.

4. reservas de lucros, representando lucros obtidos pela empresa e retidos com finalidade específica.

5. estoques de ouro, representando as reservas reais da empresa para garantir ou lastrear os títulos emitidos e adquiridos no mercado de valores mobiliários.

149) (AFPS/CESPE-Unb/2001)O aumento do capital social com reservas de capital, sem emissão de novas ações, dá-se com um lançamento à crédito das reservas de capital a serem utilizadas, em contrapartida de um débito na conta de capital social.

150) (Unb/CESPE-STM-99) No balanço patrimonial de uma sociedade por ações, a conta do capital social discriminará, entre os elementos do patrimônio líquido, o montante

a) das disponibilidades.

b) das reservas de capital.

c) subscrito e, por dedução, a parcela ainda não-realizada.

d) de ações emitidas.

e) subscrito apenas pelo acionista controlador.

151) "A" e "B" constituíram a empresa comercial A & B Ltda., com capital de R$ 20.000,00, dividido em parte iguais. "A" integralizou em dinheiro R$ 5.000,00 e "B" integralizou em imóveis a totalidade do capital por ele subscrito. Depois dessas operações, o Capital social realizado, o Capital de Terceiros e o Capital Próprio da empresa tinham, respectivamente, os valores de R$:

a) 20.000,00 15.000,00 5.000,00

b) 20.000,00 ZERO 20.000,00

c) 15.000,00 ZERO 15.000,00

d) 15.000,00 15.000,00 ZERO

e) 20.000,00 5.000,00 15.000,00

152) (TRT-4ª/ANAL.JUD.-2001) O capital subscrito e realizado pelo titular, sócio ou acionista é considerado capital próprio em virtude do princípio ou convenção

(A) do conservadorismo.

(B) da continuidade.

(C) da entidade.

(D) da realização das receitas.

(E) da objetividade.

153) (**ICMS/MS/2000**) A empresa Firma Ltda. tem registrado, na conta Lucros Acumulados, o montante de R$ 10.000,00, e na conta Capital Social, a cifra de R$ 100.000,00. Em 3 de janeiro de 2000 foi decidido um aumento da conta Capital Social, mediante a utilização do total contabilizado na conta Lucros Acumulados. Assinale a alternativa abaixo que melhor reflete essa operação :

a) Somente diminuição do patrimônio líquido.

b) Aumento do passivo e/ou diminuição do ativo.

c) Não há nem aumento, nem diminuição no patrimônio líquido.

d) Somente aumento do patrimônio líquido.

154) Marque a opção **incorreta**.

a) O capital a disposição da empresa engloba o capital próprio e o capital de terceiros, esses capitais estão totalmente aplicados no ativo.

b) A compra de mercadorias a prazo gera, pelo método das partidas dobradas, o registro contábil de duas contas: uma é o estoque de mercadorias e a outra, fornecedores ou duplicatas a pagar. Esta representa um débito de funcionamento.

c) A nota promissória representa uma obrigação que não possui nenhuma vinculação ao seu fato gerador, e constitui obrigação de quem a emite.

d) A duplicata mercantil tem como característica a sua vinculação ao fato gerador, e representa um direito de quem a emite.

e) O recebimento de clientes, em cheques pré-datados, deve ser classificado como direitos, pela observância das normas societárias e legais, bem como ao princípio da competência e da prudência.

155) Capital e Capital a Realizar são contas do Patrimônio Líquido. Em relação a elas é correto afirmar:

a) ambas possuem saldo devedor

b) ambas possuem saldo credor

c) a primeira tem saldo credor e a segunda, devedor

d) a primeira tem saldo devedor e a segunda, credor

e) a primeira é retificadora da segunda

156) (TRF/ESAF/2000) Se determinada empresa decide aumentar o próprio capital com o aproveitamento das reservas existentes, terá que contabilizar esse fato administrativo da forma seguinte:

a) Capital Social

a Reservas

b) Capital a Integralizar

a Reservas

c) Capital a Integralizar

a Capital Social

d) Reservas

a Capital Social

e) Reservas

a Capital a Integralizar

157) (TÉC-CONTR-INTERNO) O balancete de verificação da Cia Delta apresentava a seguinte posição em reais:

Contas	Saldo 30.11.t1	Saldo 01.12.t1
Máquinas	8.500,00	8.500,00
Caixa	18.000,00	18.000,00
Receita Serviços	48.700,00	58.700,00
Capital	80.000,00	130.000,00
Depreciação Acumulada	1.700,00	1.700,00
Serviços de Terceiros	6.300,00	6.300,00
Lucros / Prejuízos Acumulados	14.200,00	-
Material Consumo (estoque)	15.000,00	15.000,00
Terrenos	30.000,00	30.000,00

Bancos C/Mov.	62.300,00	62.300,00
Reservas de Lucro	7.000,00	-
Contas a Pagar	9.700,00	9.700,00
Custos dos Serviços	21.200,00	21.200,00
Clientes	-	10.000,00
Veículos	-	28.800,00

A estrutura de capital da empresa foi alterada. Os novos recursos investidos na estrutura patrimonial pelos sócios foram de

a) R$ 21.200,00

b) R$ 28.800,00

c) R$ 38.800,00

d) R$ 50.000,00

e) R$ 60.000,00

158) Considerando: CP = Capital Próprio; CTe = Capital de Terceiros; CN = Capital Nominal ; CTO = Capital Total à disposição da empresa; PL = Patrimônio Líquido; SLp = Situação Líquida positiva e A = Ativo, pode-se afirmar que CTO é igual a:

a) CP + CTe = SLp;

b) A + CTe;

c) CP + CTe;

d) A (-) SLP;

e) CP + CTe + CN.

159) (TÉC-CONTR-INTERNO) A estrutura de capital da empresa Alagoas é representada por capital próprio mais passivo real. O volume de capital próprio excedeu ao investimento no ativo fixo no ANO II. Ao se admitir que não ocorreu no ativo fixo nenhuma modificação e que o capital circulante próprio passou a ser positivo no ANO II, poderemos justificar esse fato em função

a) do lucro no exercício/ prêmio na emissão de debêntures/distribuição de dividendos

b) da reavaliação do ativo/ subscrição e integralização de capital/redução por distribuição de dividendos

c) do resultado positivo no exercício/ redução por distribuição de dividendos/doação e subvenções para investimentos recebidos

d) da reavaliação do ativo/ subscrição e integralização de capital/prejuízo do exercício

e) do lucro no exercício/ subscrição e integralização de capital/ prêmio recebido na emissão de debêntures

GABARITO DOS EXERCÍCIOS DESTE CAPÍTULO

142- A 143- E 144- D 145- D 146- C E E C C 147- C E C C C $\begin{smallmatrix}148- & C & C & E & C \\ E \end{smallmatrix}$

149- E 150- C 151- C 152- C 153- C   154- E   155- C   156- D 157- B 158- C

159- E

7 - A EQUAÇÃO PATRIMONIAL

160) Marque a opção **incorreta**.

a) A ocorrência de despesas acarreta, em tese, redução de PL.

b) A ocorrência de receita acarreta, em tese, aumento de PL.

c) Situação líquida significa patrimônio líquido.

d) O patrimônio é o conjunto de bens, direitos e obrigações.

e) todas estão incorretas.

161) Assinale a alternativa **incorreta**.

a) Não devemos registrar como ativo o direito relativo a questão judicial, com possibilidade apenas remota de ganho, em função do princípio da Prudência.

b) Pelo mesmo princípio do item anterior, devemos registrar as obrigações relativas a questões judiciais, com valor estimado de perda, como provisão.

c) Vendas a prazo normais, para diretores, devem ser registradas no circulante se se vencerem até o final do exercício seguinte.

d) Numa empresa individual, os empréstimos e retiradas de seu patrimônio não precisam ser discriminados na Contabilidade por tratar-se de unicidade de pessoas.

e) Numa sociedade comercial, com quatro sócios, os empréstimos que estes usufruírem da sociedade, mesmo que os mesmos vençam em um mês, ou até mesmo no dia seguinte, devem ser, sempre, classificados no longo prazo.

162) Assinale a **incorreta**.

a) Os investimentos efetuados pelos proprietários em troca de ações, quotas e outras participações são fontes de PL.

b) Definimos patrimônio Líquido, situação líquida ou capital próprio como sendo a diferença entre o valor do ativo e do passivo de uma entidade, em determinado momento e circunstância.

c) Os lucros acumulados na entidade são fontes (adicionais) de financiamento.

d) O capital de terceiros corresponde aos investimentos feitos na empresa, com recursos proveniente de terceiros.

e) Capital nominal é a mesma coisa que capital próprio.

163) Num balanço patrimonial, o capital próprio da empresa é representado pelo saldo:

a) do grupo de contas do Patrimônio Líquido

b) do grupo de contas do Ativo

c) da conta Caixa

d) das contas Caixa e Bancos - C/Movimento

e) da conta Capital

164) Haverá passivo a descoberto, se o Passivo Exigível for:

a) menor do que o Patrimônio Líquido

b) maior do que o Patrimônio Líquido

c) menor do que o Ativo

d) maior do que o Ativo

e) maior do que o Ativo Circulante

165) Se o Passivo Exigível de uma empresa é de R$ 19.650,00 e o Patrimônio Líquido de R$ 9.850,00, o valor do seu Capital Próprio será de:

a) R$ 29.500,00

b) ZERO

c) R$ 9.800,00

d) R$ 9.850,00

e) R$ 19.650,00

166) Um examinador, ao preparar uma questão para prova, não se deu conta de que colocara alternativas que, embora diferentemente redigidas, tinham a mesma significação conceitual. A questão estava assim formulada:

Surge o Passivo a Descoberto quando:

1) o valor do Ativo excede o valor do Passivo;

2) o valor do Passivo é menor que o valor do Ativo;

3) o valor do Ativo é menor que o valor do Passivo;

4) os bens e direitos superam as obrigações;

5) a Situação Líquida tem valor negativo.

As alternativas com significação idêntica, são as de n.º.:

a) 1/2/4 e 3/5;

b) 1/3 e 2/5;

c) 1/2/3 e 4/5;

d) 1/2 e 4/5;

e) 1/3/5 e 2/4.

167) **(ESAF/AFRF-2001)** José Henrique resolveu medir contabilmente um dia de sua vida começando do "nada" patrimonial.

De manhã cedo nada tinha. Vestiu o traje novo (calça, camisa, sapatos, etc.), comprado por R$ 105,00, mas que sua mãe lhe deu de presente. Em seguida tomou R$ 30,00 emprestados de seu pai, comprou o jornal por R$ 1,20, tomou o ônibus pagando R$ 1,80 de passagem. Chegando ao CONIC, comprou fiado, por R$ 50,00, várias caixas de bombons e chicletes e passou a vendê-los no calçadão. No fim do dia, cansado, tomou uma refeição de R$ 12,00, mas só pagou R$ 10,00, conseguindo um desconto de R$ 2,00. Contou o dinheiro e viu que vendera metade dos bombons e chicletes por R$ 40,00.

Com base nessas informações, podemos ver que, no fim do dia, José Henrique possui um "capital próprio" no valor de:

a) R$ 120,00

b) R$ 189,00

c) R$ 2,00

d) R$ 187,00

e) R$ 107,00

168) (CESPE/TCU-1996) Pertence ao conjunto de **contas do passivo** a conta denominada

(1) Fornecedores.

(2) Obrigações Fiscais.

(3) Duplicatas a Receber.

(4) Títulos a Pagar.

(5) Benfeitorias em Propriedades de Terceiros.

169) (ESAF/TRF-2000) Considerando as regras fundamentais da digrafia contábil, que determina o registro da aplicação dos recursos simultaneamente e em valores iguais às respectivas origens, temos como correta a seguinte equação contábil geral:

a) Ativo = Passivo + Capital Social + Despesas - Receitas

b) Ativo + Receitas = Capital Social + Despesas + Passivo

c) Ativo - Passivo = Capital Social + Receitas + Despesas

d) Ativo + Capital Social + Receitas = Passivo + Despesas

e) Ativo + Despesas = Capital Social + Receitas + Passivo

170) (ESAF/AFTN-1994/março) Numa operação em que há o aumento do patrimônio líquido, ocasionado por uma diminuição do passivo superior à diminuição do ativo, o fato contábil pertinente pode ser apresentado pela

a) venda de um bem com lucro

b) colocação de debêntures abaixo do preço

c) quitação de uma dívida com desconto

d) renovação de dívidas com incidência de juros

e) prescrição de dívida, sem qualquer contraprestação

171) Assinale a opção que contenha exclusivamente contas retificadoras:

a) Encargos de Depreciação - Depreciação Acumulada de Veículos - Provisão para Férias

b) Depreciação Acumulada de Veículos - Provisão para Perdas Prováveis em Investimentos - Duplicatas Descontadas

c) Provisão para Créditos de Liquidação Duvidosa - Provisão para Ajustes ao Valor de Mercado - Provisão para 13º. salário

d) Duplicatas Descontadas - Provisão para Créditos de Liquidação Duvidosa - Provisão para Férias

e) Ações em Tesouraria - Provisão para Ajustes ao Valor de Mercado - Encargos de Depreciação

172) Assinale a opção **correta**.

a) As receitas diminuídas das despesas produz o que chamamos de resultado este será incorporado no balanço patrimonial via lucros ou prejuízos acumulados. Assim, as receitas decorrentes do desaparecimento de um ativo sem o correspondente passivo vão aumentar o PL.

b) Nas associações sem fins lucrativos e para as pessoas físicas, é obrigatória a observação do princípio da competência, na contabilização de seus atos, bem como nas declarações de rendimentos.

c) Podemos, de uma forma matemática e em determinada situação, expressar a equação patrimonial como sendo: bens + direitos - obrigações - capital social + despesas - receitas = 0.

d) As contas de ativo, em sendo a parte positiva da patrimônio, são creditadas quando aumentam de valor.

e) As contas de receita são da mesma natureza que as contas de ativo, pois ambas aumentam o PL.

173) Dentre as situações abaixo, marque a pior.

a) A = 820,00

P = 790,00

b) Bens = 380,00

Direitos = 120,00

Obrigações = 520,00

c) Ativo = 80,00   d) Passivo 1.200,00

PL = 0,00   PL 10,00

e) Passivo = 30,00

Ativo = 50,00

174) Uma empresa iniciou suas atividades de 1995 com um capital de R$ 500.000,00, integralizado pela metade, em dinheiro. Em dezembro do mesmo ano, ao encerrar seu primeiro exercício social, apurou um prejuízo de R$ 100.000,00 e passivo exigível de igual valor. Assinale a alternativa que identifique, pela ordem, a situação patrimonial da empresa, após cada um dos fatos relatados.

Legenda: A = Ativo

P = Passivo Exigível

SL = Situação Líquida

a) A P e A P

   SL   SL

b) A SL e A P

          SL

c) A P e A SL

d) A P e A P

   SL SL

e) A SL e A P

     SL

175) Sabemos que uma empresa tem Passivo e Descoberto quando o seu patrimônio é representado pela seguinte equação:

a) Ativo = Passivo

b) Ativo = Passivo - Situação Líquida

c) Ativo = Passivo + Situação Líquida

d) Ativo = Passivo + Capital Próprio

e) Ativo = Passivo - Capital de Terceiros

176) A situação patrimonial em que os recursos aplicados no Ativo são originários, parte de riqueza própria e parte de capital de terceiros, é representada pela equação:

a) A = PL, portanto P = zero;

b) A = P, portanto PL = zero;

c) A > P, portanto PL > zero;

d) A < P, portanto PL < zero;

e) P = (-) PL, portanto A = zero.

<u>Importante</u>: PL = Patrimônio Líquido;

A = Ativo;

P = Passivo Exigível (não inclui o PL)

177) Julgue os seguintes itens, observando o enunciado: "Toda receita será creditada, pois":

  Por ser receita, sempre, aumenta o ativo.

Tem a mesma natureza do patrimônio líquido, haja vista possuir o condão de aumentá-lo, quando analisado isoladamente, é claro.

Representa a saída de mercadoria o que caracteriza uma venda e venda é creditada.

A despesa é debitada, e receita e despesa devem constituir lançamentos antagônicos, diferentemente das contas do ativo e do passivo, que possuem a mesma natureza.

O patrimônio é composto por bens, direitos e obrigações.

178) (TFC/1996–ESAF) Entre as situações patrimoniais abaixo relacionadas, marque a opção que indica maior percentual de riqueza própria

a) P=SL e SL<A

b) A>SL e SL>P Legendas:

c) A=SL e SL>P A = ativo

d) SL<P e P<A P = passivo exigível

e) A=P e P>SL SL = situação líquida

179) (ESAF/AFTN-1994/março) Numa sociedade anônima, o lançamento referente à correção monetária do capital realizado

a) aumenta o valor contábil da conta corrigida

b) aumenta a situação líquida do patrimônio

c) diminui a situação líquida do patrimônio

d) não altera o valor da situação líquida do patrimônio

e) debita e credita contas patrimoniais

180) (ESAF/TFC-SFC/97) Indique a equação patrimonial que configure passivo descoberto.

a) A = PE

b) PE = A + SL

c) A = PE + SL

d) SL = A - PE

e) PE = A - SL

Legendas:

A = Ativo

PE= Passivo Exigível

SL= Situação Líquida

181) (ESAF/AFTN-1994/março) Lançamentos (apenas contas e valores)

1º Aluguéis

a caixa Cr$ 500,00

2º Fornecedores

a Descontos Obtidos Cr$ 100,00

3º Caixa

a Prêmios Recebidos na Emissão de debêntures Cr$ 800,00

4º Contrapartida dos Ajustes de Correção Monetária

a Reservas para Contingências Cr$ 700,00

5º Abatimentos sobre Vendas

a Duplicatas a Receber Cr$ 300,00

Dos lançamentos acima, o único que <u>não</u> altera o valor da situarão líquida do patrimônio é o:

a) 1º b) 2º c) 3º d) 4º e) 5º

182) O patrimônio de determinada empresa, em dois momentos sucessivos, se apresentava da seguinte maneira:

<u>1º **momento**</u>dinheiro: $ 10,00

bens de venda: $ 50,00

obrigações com terceiros: $ 40,00

bens de uso: $ 20,00

capital próprio: $ 40,00

2º momentodinheiro: $ 13,00

bens de venda: $ 40,00

direitos: $ 5,00

obrigações com terceiros $ 40,00

bens de uso: $ 20,00

capital próprio: $ 38,00

O fato ocorrido foi:

a) Venda de mercadoria à vista e a prazo.

b) Venda de mercadoria à vista e a prazo, com prejuízo.

c) Venda de mercadorias à vista e a prazo, com lucro.

d) Aplicação de recursos próprios com prejuízo.

e) Compra de mercadorias para revenda.

183) (ESAF/FISCAL-FORTALEZA/98) Na representação gráfica do estado patrimonial de uma entidade coloca-se normalmente o ativo do lado esquerdo e o passivo exigível e o patrimônio líquido do lado direito. Às vezes, entretanto, o patrimônio líquido aparece do lado esquerdo. Isso ocorre quando

a) não há passivo exigível

b) o passivo exigível é maior do que o patrimônio líquido

c) o ativo é maior do que o patrimônio líquido

d) o passivo exigível é maior do que o ativo

e) o ativo é maior do que o passivo exigível

184) (ESAF/TFC-1996) Em relação ao patrimônio bruto e ao patrimônio líquido de uma entidade, todas as afirmações abaixo são verdadeiras, exceto

a) o patrimônio bruto nunca pode ser inferior ao patrimônio líquido

b) o patrimônio bruto e o patrimônio líquido não podem ter valor negativo

c) o patrimônio bruto e o patrimônio líquido podem ter valor inferior ao das obrigações da entidade

d) o soma dos bens e direitos a receber de uma entidade constitui o seu patrimônio bruto, enquanto o patrimônio líquido é constituído desses mesmos bens e direitos, menos as obrigações

e) o patrimônio bruto pode ter valor igual ao patrimônio líquido

185) No Ativo, conforme Lei 6.404/76, as contas serão dispostas em:

a) ordem crescente de grau de liquidez

b) ordem do plano de contas

c) ordem decrescente da data de aquisição

d) ordem decrescente do grau de liquidez

e) ordem da ocorrência das transações (dia, mês e ano)

186) Assinale a alternativa que contém os três grupos de Reservas que compõem o Patrimônio Líquido:

a) Reservas de Investimentos, Reservas Estatutárias e Reservas de Lucros

b) Reservas Legais, Reservas de Reavaliação e Reservas de Correção Monetária do Capital

c) Reservas de Lucros a Realizar, Reservas de Lucros e Reservas de Reavaliação

d) Reservas de Capital, Reservas de Reavaliação e Reservas de Lucros

e) Reservas de Contingência, Reservas de Capital e Reservas de Lucros

187) Assinale a **incorreta**.

a) A ocorrência de um desfalque de caixa é um evento que afeta o patrimônio diminuindo o ativo e conseqüentemente a situação líquida, pois não altera o passivo.

b) Denomina-se receita diferida àquela recebida e ainda não ganha.

c) A situação em que as obrigações suplantam os bens e direitos é conhecida por passivo a descoberto.

d) Os capitais próprios, no balanço patrimonial, são classificados dentro do passivo total, no grupo do PL.

e) A equação fundamental do patrimônio segundo a Lei n.º 6.404/76 deve ser enunciada como sendo: patrimônio líquido = bens + direitos - passivo exigível.

188) Assinale a opção **correta**.

a) O balanço patrimonial representa a situação analítica, demonstrando a igualdade dentre os valores ativos, passivos e o do patrimônio líquido.

b) O passivo, segundo a Lei n.º 6.404/76, é composto pelo circulante, exigível a longo prazo, resultado de exercícios futuros e capital social.

c) As contas de resultado serão evidenciadas no balanço patrimonial sob a forma de lucros ou prejuízos acumulados, sendo por isso consideradas analíticas.

d) Resultados de exercícios futuros é um componente do passivo, mas não representa, em hipótese alguma, obrigação para com terceiros.

e) As empresas com passivo a descoberto, passivo maior que o ativo, não possuem patrimônio.

189) Os grupos de contas que compõem o Ativo no Balanço Patrimonial são:

a) Circulante, Exigível a Longo Prazo e Permanente

b) Circulante, Exigível a Longo Prazo, Resultado de Exercícios Futuros e Permanente

c) Circulante, Realizável a Longo Prazo e Permanente

d) Circulante, Realizável a Longo Prazo, Resultado de Exercícios Futuros e Permanente

e) Circulante, Realizável a Longo Prazo e Investimentos

190) De conformidade com a Lei nº 6.404/76 (Lei das Sociedades por Ações), classificam-se no mesmo grupo as contas:

a) Encargos de Depreciação de Veículos e Depreciação Acumulada de Veículos

b) Provisão para Perdas Prováveis na Realização de Investimentos e Provisão para Créditos de Liquidação Duvidosa

c) Juros a Vencer e Juros a Acionistas na Fase de Implantação

d) Provisão par Perdas Prováveis da Realização de Investimentos e Depreciação Acumulada de Veículos

e) Duplicatas Descontadas e Duplicatas a Pagar

191) Comercial Bráulio Ltda., em funcionamento, aprovou projeto de ampliação e modernização da sua loja de departamentos, o qual estará concluído no prazo de 5(cinco) anos. No decurso desse prazo, as despesas pertinentes ao referido projeto deverão der debitadas em contas do:

a) Ativo Circulante

b) Realizável a Longo Prazo

c) Resultado do exercício

d) Ativo Diferido

e) Passivo Circulante

192) Dentre as seguintes, a conta retificadora que integra o Patrimônio Líquido é a de:

a) Lucros Acumulados

b) Ações em Tesouraria

c) Reserva de Correção de Capital Realizado

d) Capital Realizado

e) Reserva de Avaliação

193) De acordo com a Lei n⁰ 6.404/76, as contas Seguros a Vencer no exercício social subseqüente e Provisão para Imposto de Renda curto prazo são classificadas, respectivamente, no:

a) Ativo Diferido e Passivo Exigível

b) Resultado do Exercício e Ativo Circulante

c) Ativo Circulante e Resultado do Exercício

d) Ativo Diferido e Passivo Circulante

e) Ativo Circulante e Passivo Circulante

194) Indique a alternativa que contém os grupos de contas na correta disposição em que devem ser apresentados no balanço patrimonial, de acordo com a Lei n° 6.404/76

a) Ativo Circulante, Ativo realizável a Longo Prazo, Ativo Permanente e Despesas, no Ativo; Passivo Circulante, Passivo Exigível a Longo Prazo, Patrimônio Líquido e Receitas, no Passivo

b) Ativo Disponível, Ativo realizável e Ativo Permanente, no Ativo; Não Exigível e Exigível, no Passivo

c) Circulante, Realizável a Longo Prazo, Pendente e Permanente, no Ativo

d) Circulante, exigível a Longo Prazo, Resultados de Exercícios Futuros e Patrimônio Líquido, no Passivo

e) Circulante, Exigível a Longo Prazo e Permanente, no Ativo

195) A Cia. PENDENTE decidiu que o prédio de sua propriedade, localizado à Rua MARCONDES, 280 será alugado, pois não serve mais como sede da sua filial de roupas para crianças. Após a locação realizada, tal imóvel será classificado no grupo de contas do:

a) Ativo Permanente - Investimento

b) Ativo Permanente - Imobilizado

c) Ativo Permanente - Diferido

d) Realizável a Longo Prazo

e) Ativo circulante

196) O ATIVO PERMANENTE abrange os subgrupos de contas:

a) "Investimentos", "Imobilizado" e "Diferido"

b) "Valores Mobiliários", "Ativo Intangível" e "Ativo de Funcionamento"

c) "Pré-Operacionais", "Ativo Tangível" e "Ativo Fixo"

d) "Prédios", "Veículos" e "Móveis e Utensílios"

e) "Ativo Depreciável", "Ativo Amortizável" e "Ativo Exaurível"

197) Balanço Patrimonial é a representação:

a) das variações positivas e negativas do patrimônio, evidenciando a variação sofrida por sua situação líquida

b) da receita e despesa previstas para determinado período

c) do movimento de numerário em determinado período

d) sintética dos elementos que formam o patrimônio, evidenciando a equação existente entre os capitais obtidos e os aplicados no complexo patrimonial

e) das variações positivas e negativas do patrimônio, evidenciando o resultado econômico do exercício.

198) A firma HAFFEN foi registrada e obteve: R$ 500,00 dos sócios, na forma de Capital; R$ 300,00 de terceiros, na forma de empréstimos e R$ 150,00 de terceiros, na forma de rendimentos. Aplicou esses recursos, sendo: R$ 450,00 em bens para revender; R$ 180,00 em caderneta de poupança; R$ 240,00 em empréstimos concedidos; e o restante em despesas. Com essa gestão, pode-se afirmar que a empresa ainda tem um patrimônio bruto e um patrimônio líquido, respectivamente, de:

a) R$ 870,00 e R$ 570,00;

b) R$ 690,00 e R$ 570,00;

c) R$ 950,00 e R$ 500,00;

d) R$ 870,00 e R$ 500,00;

e) R$ 950,00 e R$ 650,00.

199) No balanço os estoques são classificados, no ativo circulante, presumindo-se que sejam realizados dentro de um ano, ou dentro do ciclo normal de operações. O detalhamento por conta dos estoques pode ser feito no próprio balanço. Uma forma bastante utilizada para que as demonstrações financeiras fiquem mais condensadas é a dos estoques apresentados no balanço pelo total, mas com uma nota explicativa demonstrando as principais categorias, dispostas em ordem de realização. A base de avaliação dos estoques ou métodos de determinação dos custos deve ser exposta na nota explicativa relativa aos principais critérios de avaliação dos elementos patrimoniais. Relativamente a estoques, julgue os seguintes itens.

De acordo com a interpretação fiscal, sistema de contabilidade de custos integrado e coordenado com o restante da escrituração è aquele apoiado em valores originados da escrituração contábil para seus insumos, quais sejam, matéria-prima, mão-de-obra direta e gastos gerais de fabricação, fato esse que exige um plano de contas de produção, por natureza, das demais despesas operacionais.

As empresas que não atenderem aos requisitos para que sua contabilidade seja considerada integrada e coordenada terão de, seguindo a legislação fiscal, avaliar seus estoques de produtos acabados por valores calculados na base de 5% do maior preço de venda do ano.

Considerando que a base elementar para avaliar os estoques é o custo e que o imposto sobre circulação de mercadorias e serviços está incluído no preço das mercadorias, constante nas notas fiscais, tem-se de mantê-lo na conta estoques para efeito de avaliação e, principalmente, para que o resultado do período esteja de acordo com o regime de competência.

Quando nos estoques estiverem incluídos itens estragados, danificados, obsoletos e morosos, e uma baixa ou redução direta nos seus valores não for praticável, deve-se, então, constituir uma provisão para reconhecer tal perda.

A inclusão dos elementos de custos segundo o custeio por absorção, fazendo com que os estoques recebam todos os custos incorridos no processo produtivo, diretos e indiretos, é a base de avaliação aceita pelos princípios fundamentais de contabilidade e pela legislação fiscal.

200) (ESAF/AFRF-2001) Classificam-se como Reservas de Capital as Reservas

a) de Prêmios pela Emissão de Debêntures

b) de Doações e Subvenções, quando recebidas em entidades privadas

c) de Reavaliação de Bens do Ativo Imobilizado

d) Estatuárias, destinadas a Investimentos

e) por Ajuste de Investimentos em Sociedades- Controladas

201) (ESAF/AFRF-2001) Na conversão de debêntures em ações, as parcelas que ultrapassem o valor nominal da ação deverão ser registradas como

a) reserva de lucros que poderão amortizar prejuízos futuros ou ser distribuídas aos sócios no exercício social em que não forem apurados lucros

b) reserva de lucros que poderá ser distribuída aos sócios, no próprio exercício

c) reservas de capital

d) reserva de lucros destinada, obrigatoriamente, a amortizar prejuízos

e) receitas não-operacionais do exercício

202) (TFC/1996–ESAF) Pedro e Paulo constituíram uma empresa para explorar o comércio de gêneros alimentícios. Subscreveram capital de 100.000,00, integralizado em 20%. Para a integralização, os sócios fizeram empréstimo bancário, individualmente. A empresa adquiriu bens de uso, no valor de 30.000,00, utilizando para pagamento os recursos oriundos da integralização do capital e títulos de crédito emitidos em favor dos vendedores. Adquiriu, ainda, a prazo, mercadorias para revenda, no valor de 20.000,00. Assim sendo, o capital próprio da nova sociedade é de

a) zero

b) 20.000.00

c) 30 000.00

d) 50.000,00

e) 100.000,00

203) Quanto ao o que são dívidas, julgue os seguintes itens

Débitos de funcionamento, quando decorrentes de operações normais da empresa

Créditos de terceiros

Débitos de financiamentos, quando são oriundas de empréstimos contraídos

Contas devedoras

Contas credoras

204) O patrimônio de uma empresa, em um determinado momento, está representado por numerário (R$ 70,00), bens de venda (R$ 80,00), débitos de funcionamento (R$ 120,00), bens de uso (R$ 230,00), débitos de financiamento (R$ 140,00), bens de renda (R$ 70,00) e créditos de funcionamento (R$ 130,00). Seu patrimônio líquido é de:

a) R$ 230,00

b) R$ 70,00

c) R$ 340,00

d) R$ 580,00

e) R$ 320,00

205) (TFC/1996–ESAF) Na composição do patrimônio de uma empresa

a) se o ativo for maior do que o passivo exigível, a situação líquida também o será

b) se o passivo exigível for maior do que a situação líquida, caracteriza-se o chamado passivo descoberto

c) se ativo e passivo exigível tiverem valores iguais, a situação líquida terá valor negativo

d) se o ativo tiver valor igual a zero, a situação líquida também o terá

e) se a ordem decrescente de valores for ativo, passivo exigível e situação líquida, a situação líquida será positiva

GABARITO DOS EXERCÍCIOS DESTE CAPÍTULO

160- E 161- D	162- E 163- A 164- D 165- D	166- A 167- E	168- C C E C E	
169- E 170- C	171- B 172- C 173- B 174- E	175- B 176- C 177- E C E E E		
178- C 179- D	180- B 181- D 182- B 183- D	184- B 185- D 186- D	187- E	
188- D 189- C	190- D 191- D 192- B 193- E	194- D 195- A 196- A	197- D	
198- A 199- C E E C C 200- A 201- C 202- B 203- C C C E C 204- E 205- E				

8 - A ESCRITURAÇÃO

206 – (ESAF/TTN–1992/SP) Quanto ao seu mecanismo de débito e crédito, é certo afirmar que as contas:

a) do passivo são debitadas quando obrigações assumidas são liquidadas

b) do patrimônio líquido são debitadas quando se lhes incorpora a correção monetária do exercício

c) de despesa são debitadas em contrapartida com conta específica, para apuração do resultado do exercício

d) do ativo são debitadas quando há saída de bens ou direitos no patrimônio

e) de receita são debitadas, porque concorrem para o aumento do patrimônio líquido

207) Segundo a Teoria Personalista, as contas são classificadas em:

a) contas integrais e contas diferenciais;

b) contas dos proprietários e contas de agentes consignatários e contas dos agentes correspondentes;

c) contas dos proprietários e contas dos agentes secundários;

d) contas patrimoniais e contas de resultado;

e) contas patrimoniais, contas de agentes consignatários e contas de agentes correspondentes.

208) 1 - Adiantamentos de Clientes;

2 - Bancos;

3 - Caixa;

4 - Duplicatas a Pagar;

5 - Edifícios de Uso;

6 - Fornecedores;

7 - Máquinas Fabris;

8 - Mercadorias em Estoque;

9 - Nota Promissória de sua emissão;

10 - Receitas de Vendas;

11 - Salários a Pagar;

12 - Terrenos.

Levando-se em conta os dados fornecidos, assinale a opção que indica, pelos números de ordem, exclusivamente contas que se classificam no Ativo.

a) 1 - 2 - 3 e 5;

b) 5 - 8 e 12;

c) 1 - 5 - 7 e 12;

d) 1 - 2 - 5 e 8;

e) todas estão corretas.

209) Integram o Ativo do Balanço Patrimonial, dentre outras, as seguintes contas:

a) Clientes, Despesas a Vencer, Imóveis e Mercadorias

b) Caixa, fornecedores, Mercadorias e Contas a Receber

c) Veículos, Despesas de Juros, Bancos C/Movimento e Imóveis

d) Caixa, Bancos C/Movimento, Veículos e Capital Social

e) Contas a Receber, Máquinas e Equipamentos, Caixa e Receitas a Vencer.

210) Assinale a alternativa que contém apenas Contas do Proprietário, de acordo com a Teoria Personalista das Contas.

a) Juros Ativos, Caixa e Despesas Diversas

b) Capital Social, Comissões Ativas e Lucros Acumulados

c) Comissões Passivas, Mercadorias e Receitas Diversas

d) Descontos Ativos, Juros Passivos e Salários a Pagar

e) Juros Passivos, Capital Social e Veículos

211) Quanto à classificação da conta "Impostos a Recolher", pode-se dizer que ela é uma conta:

a) integral, de saldo credor

b) integral, de saldo devedor

c) patrimonial, de saldo devedor

d) diferencial, de saldo credor

e) diferencial, de saldo devedor

212) Segundo a Teoria Personalista, as contas são classificadas em:

a) contas integrais e contas diferenciais

b) contas do proprietário e contas de agentes consignatários

c) contas do proprietário e contas de agentes

d) contas patrimoniais e contas de resultado

e) contas patrimoniais, contas de agentes consignatários e contas de agentes correspondentes

213) Dentre as contas do Ativo destacam-se:

a) Empréstimos de Diretores, Estoques de Mercadorias, Duplicatas a Receber, Máquinas

b) Adiantamento a Fornecedores, Duplicatas a Pagar, Máquinas

c) Empréstimos de Diretores, Adiantamentos a Fornecedores, Máquinas

d) Empréstimos a Diretores, Benfeitorias em Imóveis de Terceiros, Máquinas, Instalações

e) Adiantamento a Empregados, Adiantamento a Fornecedores, Adiantamento de Diretores

214) De acordo com a Lei nº 6.404/76, as contas Seguros a Vencer e Provisão para Imposto de Renda são classificadas, respectivamente, no:

a) Ativo Diferido e Passivo Exigível

b) Resultado do Exercício e Ativo Circulante

c) Ativo Circulante e Resultado do Exercício

d) Ativo Diferido e Passivo Circulante

e) Ativo Circulante e Passivo Circulante

215) A conta ADIANTAMENTOS DE CLIENTES é classificada como:

a) patrimonial ativa, sintética

b) patrimonial passiva, sintética

c) patrimonial passiva, analítica

d) patrimonial ativa, analítica

e) de resultado, sintética

216) Em relação às contas classificadas no Ativo, num balanço patrimonial, é correto afirmar:

a) todas elas devem ter saldo devedor

b) representam os bens, direitos e obrigações da empresa

c) tem normalmente saldo devedor; algumas, porém, podem apresentar-se com saldo credor

d) registram as fontes de recursos utilizados pela empresa para realização de suas atividades

e) devem ser dispostas em ordem crescente de grau de liquidez dos elementos nelas registrados

217) Indique o único título contábil que se classifica no Ativo Permanente

a) Títulos de Renda Fixa

b) Bens não de Uso Próprio

c) Material em Estoque

d) Almoxarifado - material de consumo

e) Financiamentos Rurais

218) A **RESERVA PARA CONTINGÊNCIAS** é uma:

a) reserva de capital

b) reserva de reavaliação

c) reserva de lucros

d) conta do Passivo Circulante

e) conta do Ativo Circulante

219) A conta "**Ações em Tesouraria**" é classificada, no BALANÇO PATRIMONIAL, no grupo de contas denominado

a) Ativo Realizável a Longo Prazo

b) Patrimônio Líquido

c) Ativo Permanente - Investimentos

d) Passivo Circulante

e) Ativo Permanente - Imobilizado

220) Quanto ao Patrimônio Líquido Nulo, podemos afirmar que:

a) O Capital Próprio é igual ao Capital de Terceiros

b) O Passivo é menor que os direitos

c) O valor dos bens é igual ao valor das obrigações

d) Inexistem bens e direitos na entidade, porém as obrigações são maiores que zero

e) O ativo total é igual ao passivo exigível mais os resultados de exercícios futuros.

221) (ESAF/TTN–1992/SP) As contas são analíticas ou sintéticas, conforme exijam, ou não, desdobramentos ou subdivisões. São contas analíticas:

a) Contas Corrente e Caixa

b) Bancos – C/Movimento e Fornecedores

c) Veículos e Duplicatas a Receber

d) Duplicatas a Pagar e Provisão para Imposto de Renda

e) Caixa e Bancos – C/Movimento

223) O registro de débitos e créditos de mesma natureza, identificados por um título que qualifica um componente do Patrimônio:

a) Diário

b) Conta

c) Razão

d) Balancete

e) Plano de contas

224) Os elementos que devem compor um plano de contas são:

a) Elenco de contas, função e funcionamento das destas contas.

b) Elenco de contas, ordenados em contas patrimoniais, contas de resultado, e contas de compensação.

c) Elenco das contas e a que grupo elas pertencem, indicando os códigos.

d) A sua natureza, a sua finalidade e a sua versatilidade.

e) A estrutura conforme são inseridas no balanço patrimonial.

225) Assinale a alternativa que contém apenas contas de resultado:

a) Despesas de Juros - Juros a Vencer - Receitas de Juros

b) Custo das Mercadorias Vendidas - Vendas de Mercadorias - Compras de Mercadorias

c) Encargos de Depreciação - Depreciação Acumulada - Encargos de Exaustão

d) Despesas de Pessoal - Despesas de Salários - Salários a Pagar

e) ICMS a Recolher - ICMS a Recuperar - Despesas de ICMS

226) As contas BANCOS - C/MOVIMENTO, DUPLICATAS A RECEBER e ESTOQUE DE MERCADORIAS, de conformidade com a Lei no. 6.404/76 (Lei das Sociedades por Ações), devem ser dispostas no balanço patrimonial na seguinte ordem:

a) Bancos - C/Movimento - Duplicatas a Receber - Estoque de Mercadorias

b) Bancos - C/Movimento - Estoque de Mercadorias - Duplicatas a Receber

c) Estoque de Mercadorias - Bancos - C/Movimento - Duplicatas a Receber

d) Duplicatas a Receber - Bancos - C/Movimento - Estoque de Mercadorias

e) Duplicatas a Receber - Estoque de Mercadorias - Bancos - C/Movimento

227) A Lei 6.404/76 (Lei das Sociedades por Ações) determina que, para o levantamento do Balanço Patrimonial, sejam observadas as seguintes normas:

a) os direitos e títulos de crédito serão avaliados pelo custo de aquisição ou pelo valor de mercado, se este for maior

b) no Ativo, as contas serão dispostas em ordem crescente de grau de liquidez dos elementos nelas registrados

c) serão classificados como reservas de lucros as contas que registrarem o prêmio recebido na emissão de debêntures

d) serão classificadas como resultados de exercício futuro as receitas de exercícios futuros, diminuídas dos custos e despesas a elas correspondentes

e) serão classificados no Ativo Realizável, a Longo Prazo os direitos derivados de vendas e diretores da companhia que constituírem negócios usuais na exploração do objeto da companhia

228) Assinale a alternativa que contenha exclusivamente contas de resultado

a) Compras de Mercadorias - ICMS Incidente s/ Vendas - Vendas

b) Encargos de Depreciação - Depreciação Acumulada de Veículos - Receitas de Comissões

c) Despesas Gerais - despesas Pré-operacionais - Despesas Bancárias

d) Juros a Vencer - Juros Obtidos - Despesas de Juros

e) Despesas de Salários - Salários a Pagar - Encargos Sociais

229) O patrimônio de MONTE & CIA. É composto dos seguintes elementos: Mercadorias - R$ 1.000,00; Duplicatas de sua emissão (até 90 dias) - R$ 100,00; Dinheiro R$ 50,00; Duplicatas de seu aceite (até 60 dias) - R$ 200,00; Móveis para uso - R$ 30,00; Nota promissória de sua emissão (180 dias) - R$ 100,00. O Ativo Circulante é de R$

a) 900,00

b) 1.100,00

c) 1.150,00

d) 1.200,00

e) 1.250,00

230) O patrimônio líquido de uma empresa, num determinado balanço patrimonial, era representado unicamente por duas contas: Capital Social (que registrava o capital subscrito, totalmente integralizado) - R$ 100.000.000,00 e Prejuízos Acumulados - R$ 1.500.000,00. Pode-se, assim, afirmar, com segurança, que a empresa, na data do balanço, possuía:

a) mais direitos do que obrigações

b) mais obrigações do que direitos

c) situação líquida positiva

d) situação líquida negativa

e) capital próprio inferior ao capital de terceiros

231) Em relação à conta ICMS A RECUPERAR é correto afirmar que seu saldo representa:

a) direito da empresa, devendo ser classificado no Ativo Circulante

b) obrigação da empresa, devendo ser classificado no Passivo Circulante

c) obrigação da empresa, devendo ser classificado em Resultados de Exercícios Futuros

d) passivo não exigível, devendo ser classificado no Patrimônio Líquido

e) direito da empresa, devendo, por isso, reduzir o valor do ICMS escriturado como despesa no período-base

232) Numa escrituração contábil, o saldo da conta Caixa em determinado momento, era de R$ 50.000,00 (devedor). Posteriormente, o contabilista equivocou-se ao fazer um lançamento, debitando a conta que deveria ser creditada e creditando a que deveria ser debitada, provocando com isso um "estouro de caixa". Tal lançamento pode referir-se a:

a) compra à vista de mercadorias no valor de R$ 60.000,00

b) pagamento de duplicata no valor de R$ 60.000,00

c) recebimento de crédito no valor de R$ 50.000,00

d) emissão de cheque no valor de R$ 60.000,00 para reforço do numerário em caixa

e) depósito bancário no valor de R$ 60.000,00

233) O pagamento, através de cheque, de uma obrigação contraída pela compra de mercadorias a prazo é um fato administrativo que afeta o patrimônio da forma seguinte:

a) aumenta o Ativo e diminui o Passivo

b) diminui o Patrimônio Líquido e aumenta o Ativo

c) diminui o Ativo e diminui o Passivo

d) aumenta o Passivo e aumenta o Ativo

e) diminui o Ativo e diminui o Patrimônio Líquido

234) Se o Patrimônio Líquido de uma empresa tem valor negativo, duas contas, pelo menos, obrigatoriamente o integram. São elas:

a) Capital Subscrito e Capital a Integralizar

b) Prejuízos Acumulados e Capital a Integralizar

c) Capital Subscrito e Prejuízos Acumulados

d) Reservas para Contingências e Capital Subscrito

e) Prejuízos Acumulados e Reservas para Contingências

235) O passivo real corresponde a:

a) Capital próprio

b) Resultados de Exercícios Futuros

c) Patrimônio Líquido

d) Capital alheio

e) Capital Nominal

236) Acerca do Capital Social, marque a assertiva correta.

a) É um componente do Patrimônio Líquido da Entidade e representa os recursos iniciais que seus sócios ou acionistas colocam a disposição da mesma.

b) É um componente do Patrimônio Líquido da Entidade e representa os recursos iniciais que seus sócios ou acionistas colocam a disposição da mesma, podendo também estar representado por recursos adicionais, oriundos dos mesmos ou novos sócios ou acionistas.

c) É um componente do Patrimônio Líquido da Entidade e representa os recursos iniciais que seus sócios ou acionistas colocam a disposição da mesma, podendo também estar representado por recursos adicionais, oriundos dos mesmos ou novos sócios ou acionistas, ou de parcela de recursos gerados pela Entidade e formalmente integrados ao mesmo.

d) Só pode ser alterado quando houver a retirada ou ingresso de um novo sócio ou acionista.

e) É uma conta típica do que chamamos de conta unilateral, por esta razão, uma vez constituída, não pode em hipótese alguma ter reduzido o seu valor, sendo que para as situações em que se faz necessária a sua alteração, esta deve ser efetivada nas contas de Reserva de Capital.

237) Uma empresa comercial e prestadora de serviços, num determinado período, realizou as operações abaixo mencionadas, todas devidamente contabilizadas:

1- pagou antecipadamente, em dinheiro, uma duplicata de seu aceite no valor de R$ 100.000,00 para gozar do desconto de 2%;

2- emitiu Nota Fiscal-Fatura relativa a prestação de serviços, no valor de R$ 250.000,00 a 30 dias de prazo;

3- adquiriu material de consumo no valor de R$ 10.000,00, pagos em dinheiro, apropriando-o ao resultado do exercício;

4- recebeu aviso bancário comunicando que uma duplicata de sua emissão, no valor de R$ 50.000,00, descontada no Banco, foi liquidada pelo sacado;

5- emitiu cheque no valor de R$ 200.000,00, sacando o dinheiro em seguida;

fez empréstimo em dinheiro a um sócio no valor de R$ 300.000,00

6- pagou aos empregados, em dinheiro, salários do exercício anterior, no valor de R$ 250.000,00, já apropriados como despesa operacional do exercício a que se referem.

Se o saldo de CAIXA, depois das operações acima citadas, passou a ser de R$ 60.000,00, antes dela era de:

a) R$ 268.000,00

b) R$ 468.000,00

c) R$ 518.000,00

d) R$ 658.000,00

e) R$ 718.000,00

238) (ESAF/MPOG/2001) Classifica-se como conta de resultado:

a) Subvenção para Custeio

b) Prejuízos Acumulados

c) Dividendos a Distribuir

d) Amortização Acumulada de Bens Intangíveis

e) Conta Corrente de ICMS

239) (TÉC-CONTAB/CONTROLADORIA-99) São contas patrimoniais de natureza credora:

a) ICMS a recolher / duplicatas a pagar / prejuízos acumulados / fundo de garantia a recolher

b) provisão para férias / provisão para crédito de liquidação duvidosa / depreciação acumulada / salários a pagar

c) duplicatas descontadas / reservas de lucro / capital a integralizar / contas a receber

d) fornecedores / amortização acumulada / títulos a pagar / adiantamento de férias

e) salários a pagar / credores por financiamento / reservas de lucro / amortização

240) (ESAF/TTN-1994/matutino) "A escrituração da companhia será mantida em registros, com obediência aos preceitos da legislação e desta Lei e aos princípios de contabilidade geralmente aceitos, devendo observar métodos ou critérios contábeis uniformes no tempo e registrar as mutações patrimoniais segundo o regime de Competência."

Completam corretamente o artigo 177 da Lei a? 6404/76, que trata da escrituração, retro transcrito com duas (2) omissões as palavras:

a) permanentes e tributária

b) confiáveis e comercial

c) individualizados e comercial

d) permanentes e comercial

e) contábeis e fiscal

241) (ESAF/TTN-1994/matutino) Um lançamento a crédito da conta Aluguéis a Pagar, se não for de estorno, representa

a) um aumento do Patrimônio Liquido

b) um aumento do Ativo

e) um decréscimo do Ativo

d) uma redução do Patrimônio Líquido

e) um decréscimo no Passivo

242) (FISCAL/ICMS–MS/2000) Assinale, dentre as alternativas abaixo, aquela que melhor demonstre o resultado da liquidação de uma obrigação de curto prazo :

a)Diminuição do patrimônio líquido, do passivo de curto prazo e aumento do ativo.

b)Aumento do ativo e diminuição do passivo.

c)Diminuição do ativo, do passivo e aumento do patrimônio líquido.

d)Diminuição do ativo e do passivo.

243) (ESAF/FISCAL-FORTALEZA/98) Em relação ao patrimônio de uma entidade é correto afirmar:

a) se houver acréscimo do ativo, o patrimônio líquido também será acrescido

b) se houver acréscimo de 20% no ativo e de 20% no passivo exigível, o patrimônio líquido não será alterado

c) o patrimônio líquido pode ser aumentado ainda que haja redução do ativo

d) se o passivo exigível for maior do que o patrimônio líquido, surge a figura do passivo descoberto

e) o ativo e o patrimônio líquido só podem ter valor positivo; o passivo exigível pode ter valor positivo ou negativo

244) (ESAF/TTN-1994/matutino) Contas de um Plano de Contas de uma Companhia Comercial:

1) - Serviços Prestados por Terceiros

2) - Juros Passivos

3) - Prêmios de Seguros a Vencer

4) - Adiantamentos de Clientes

5) - Empréstimos Compulsórios

6) - Honorários da Diretoria

7) - Provisão para o Imposto de Renda (Curto Prazo)

8) - Fornecedores

9) - Créditos de Coligadas e Controladas

Se apresentarem saldo, devem constar do Balanço Patrimonial, sem exceção alguma, as contas referentes aos números

a) 1, 3, 4, 5, 8 e 9

b) 3, 4, 5, 6, 7, 8 e 9

c) 3, 4, 5, 7, 8 e 9

d) 1, 3, 4, 7 e 8

e) 2, 3, 4, 5 e 8

245) (ESAF/TTN-1994/vespertino) – Ao elaborar um plano de contas para uma empresa mercantil, cuja atividade principal é a revenda de mercadorias, o contador, recém formado, considerou como Reservas de Lucros as seguintes contas:

I – Reserva Legal

II – Reserva Estatutárias

III – Reservas para Contingências

IV – Reservas de Lucros a Realizar

V – Reserva de Correção Monetária do Capital Realizado

VI – Resultado de Exercícios Futuros

VII – Reserva de Reavaliação de Elementos do Ativo

Em assim sendo, cometeu

a) cinco erros de classificação

b) um erro de classificação

c) quatro erros de classificação

d) três erros de classificação

e) dois erros de classificação

246) (ESAF/TTN-1994/vespertino) - Itens

Título Estorno

Ativo Data da Operação

Saldo Situação Líquida

Valor do Débito Valor do Crédito

Local

Os elementos essenciais da Conta constantes dos itens relacionados são em número de

a) Quatro

b) Oito

c) Cinco

d) Seis

e) Sete

247) (ESAF/TTN-1994/vespertino) – Assinale a opção incorreta.

a) O princípio fundamental do método das partidas dobradas é o de que não há devedor sem credor e vice-versa, correspondendo a cada débito, invariavelmente, um crédito de igual valor.

b) O Patrimônio é um conjunto de bens, direitos e obrigações vinculados a uma pessoa ou a entidade.

c) No Balanço Patrimonial, o total do Ativo é sempre igual ao do Passivo.

d) No lançamento, a data e o histórico exercem função histórica.

e) Método de escrituração é a forma de registrar os fatos administrativos.

248) (AFPS/CESPE-Unb/2001)O registro de crédito de imposto de renda sobre prejuízo fiscal é feito a débito em uma conta de ativo circulante ou realizável a longo prazo, em contrapartida de um crédito na conta de provisão para imposto de renda, no resultado do período de competência.

249) (AFPS/CESPE-Unb/2001) No encerramento de cada exercício anual, os saldos das contas do ativo e passivo no último dia do exercício são mantidos na abertura do período seguinte, e as contas de receitas e despesas são encerradas contra uma conta de apuração do resultado do período, de maneira que, no início do próximo exercício, não haja saldo nessas contas. Essa conta de apuração do resultado também pode ser encenada contra a conta de lucros ou prejuízos acumulados.

250) (CESPE/TCU-1996) Durante o mês de outubro de um determinado ano, uma empresa prestadora de serviços realizou as seguintes operações de receitas e despesas:

dia 2 - pagamento de despesas de materiais de escritório,

dia 3 - compra, a prazo, de peças para reparos, empregadas nos serviços prestados,

dia 5 - recebimento de receita por serviços prestados,

dia 15 - emissão de uma fatura por serviços prestados,

dia 30 - pagamento de salários.

Julgue os itens a seguir, que apresentam os comandos relativos aos débitos e créditos adotados pelo contador da empresa, ao efetuar esses registros contábeis.

(1) dia 2 - débito de Despesas de Materiais de Escritório e crédito de Caixa

(2) dia 3 - débito de Despesas de Peças para Reparos e crédito de Contas a Pagar

(3) dia 5 - débito de Caixa e crédito de Receitas de Serviços

(4) dia 15 - débito de Receitas de Serviços e crédito de Contas a Receber

(5) dia 30 - débito de Caixa e crédito de Despesas de Salários

251) (ESAF/TFC-SFC/97) Observe o lançamento contábil abaixo:

Contas a Receber	17.000
Depreciação Acumulada de Máquinas 5.000	
Máquinas	15.000
Resultados não-operacionais	7.000

O lançamento registra contabilmente

a) venda a prazo, por 17.000, de máquina de uso, cujo valor contábil era de 10.000

b) baixa de máquina do ativo imobilizado, cujo valor contábil, levado a prejuízo do exercício, era de 7.000

c) venda a prazo, por 17.000, de máquina de uso, cujo valor contábil era de 15.000

d) baixa de máquina do ativo imobilizado por haver atingido depreciação total

e) venda a prazo, por 17.000, de máquina de uso, com prejuízo de 7.000

252) (ESAF/TFC-SFC/97) Um bem do ativo permanente foi adquirido por 10.000,00. No primeiro ano de permanência na empresa o seu valor foi corrigido monetariamente em 20% e depreciado em 10%. No segundo ano não houve correção monetária do seu valor, havendo a depreciação incidido corretamente sobre o valor de

a) 9.000,00

b) 10.000,00

c) 10.800,00

d) 11.000,00

e) 12.000,00

253) (ESAF/TFC-1996)

Duplicatas a Receber 1.500,00

Depreciação Acumulada Máquinas 1.500,00

Resultados não operacionais 300,00

a Máquinas de Uso 3.300,00

O lançamento acima registra

a) venda de máquina do ativo imobilizado por 3.300,00

b) venda de máquina do ativo imobilizado cujo valor contábil era de 3.300,00

c) baixa de máquina do ativo imobilizado por estar totalmente depreciada

d) venda de máquina do ativo imobilizado com prejuízo de 300,00

e) venda de máquina do ativo imobilizado com prejuízo de 1.800,00

254) (ESAF/TFC-1996) Uma empresa apropriou em 31 de dezembro de 1995 (data de encerramento do exercício social) as despesas com pessoal do mês de dezembro/95, cuja folha seria paga em 5 de janeiro de 1996.

Constavam da folha os seguintes valores:

- Valor bruto da folha - 20.000,00

- Encargos sociais de responsabilidade da empresa - 20% do valor da folha

- Fundo de garantia por tempo de serviço - 8% do valor da folha

- Previdência social de responsabilidade dos empregados - 9% do valor da folha

- Imposto de renda na fonte de responsabilidade dos empregados - 1.500,00

Feitos os lançamentos devidos, a empresa verificou que as suas obrigações a curto prazo sofreram um aumento de

a) 28.900,00

b) 16.700,00

c) 20.000,00

d) 24.000,00

e) 25.600,00

255) (ESAF/TFC-1996) No dia 5 de janeiro de 1996, a empresa a que se refere a questão anterior efetuou o pagamento a seus empregados, utilizando cheque bancário.

Fez, então, o seguinte lançamento em sua escrituração:

a) Salários a Pagar

a Despesas com Salários 20.000,00

b) Despesas com Salários

a Bancos - C/Movimento 20.000,00

c) Salários a Pagar

a Bancos - C/Movimento 25.600,00

d) Despesas com Salários

a Bancos - C/Movimento 16.700,00

e) Salários a Pagar

a Bancos - C/Movimento 16.700,00

256) (CESPE/STM/SUPERIOR/99) Uma empresa que possua um saldo inicial de contas a receber de vendas a prazo de RS 1.000,00, que realize vendas a prazo no exercício social subsequente no valor de R$ 15.000.00 e receba, de vendas a prazo, no mesmo período, a importância de R$ 14.500.00 apresentará, no fim do exercício, um saldo de contas a receber de

a) R$ 1.000,00

b) R$ 1.200,00

c) R$ 1.300,00

d) R$ 1.500,00

e) R$ 2.000,00

257) (Unb/CESPE-STM-99) No plano de contas de uma companhia aberta, as contrapartidas dos débitos de doações e de subvenções para investimentos deveriam estar classificadas como

a) passivo circulante.

b) passivo exigível a longo prazo

c) reserva de reavaliação.

d) reserva de capital, no patrimônio líquido.

e) provisão para contingências, no passivo exigível a longo prazo.

258) (FISCAL/ICMS–MS/2000) O saldo de uma conta de ativo é obtido:

a)Pela diferença entre os valores debitados e creditados.

b)Pela soma dos valores debitados.

c)Pelo valor do lançamento inicial.

d)Pelo conjunto de valores creditados.

259) (INSS/CESPE-97) A folha de pagamento de uma empresa resume os valores financeiros de todos os empregados, especificando as parcelas de salários, descontos relativos a encargos sociais, imposto de renda, adiantamentos e outros. A contabilização da folha de pagamento segue as mesmas normas básicas aplicáveis aos fatos contábeis em geral. Relativamente a esse assunto, julgue os itens a seguir.

1. as despesas/custos de salários de uma empresa são representados pelos valores líquidos desembolsados, ou seja, depois de deduzidos os encargos sociais, impostos e demais descontos incidentes sobre os proventos dos empregados.

2. as contribuições previdenciárias a recolher compreendem as parcelas da empresa e dos empregados.

3. Fundo de Garantia do Tempo de Serviço (FGTS) do pessoal que desenvolve tarefas na área de administração geral deve ser contabilizado como despesa operacional.

4. as contribuições previdenciárias a recolher e o FGTS a recolher são parcelas que, devidas e não-pagas, devem ser demonstradas no passivo circulante com saldo devedor.

5. desembolso a débito da conta de adiantamentos a empregado e a crédito de uma das contas das disponibilidades.

260) (ESAF/AFTN-1989) Ao examinar o patrimônio da empresa Comercial Ltda., encontramos os seguintes elementos:

. dinheiro:	
na tesouraria	R$ 800,00
depositado no banco	R$ 2.500,00
. máquinas:	
para uso próprio	R$ 30.000,00
para revender	R$ 25.000,00
. material de consumo	R$ 2.000,00
. equipamento para uso próprio	R$ 10.000,00
. duplicatas:	
emitidas pela empresa	R$ 11.000,00
emitidas por terceiros	R$ 13.500,00
. notas promissórias:	
emitidas pela empresa	R$ 5.500,00
	R$ 5.000,00

emitidas por terceiros

. empréstimos não garantidos por títulos:

                                 R$ 26.000,00

obtidos pela empresa

                                 R$ 3.500,00

concedidos a terceiros

. capital registrado na Junta Comercial   R$ 40.000,00

A composição do patrimônio acima descrito e o conhecimento de que todos os títulos a ele incorporados foram pela empresa ou contra ela emitidos evidenciam que a Comercial Ltda., em suas relações com terceiros, possui créditos e débitos, respectivamente, de:

a) R$ 42.500,00 e R$ 22.000,00

b) R$ 45.000,00 e R$ 19.500,00

c) R$ 85.000,00 e R$ 89.800,00

d) R$ 22.000,00 e R$ 42.500,00

e) R$ 19.500,00 e R$ 45.000,00

261) (ESAF/AFTN-1991) Os débitos escriturados no Razão da conta "Duplicatas a Receber" da empresa Comercial Rio Capibaribe S/A, no período-base de 01.01.90 a 31.12.90, somaram R$ 86.750.000,00

Informações adicionais:	R$
- Saldo da Conta "Duplicatas a Receber" no balanço de 31.12.89	7.300.000,00
- Total dos débitos estornados no ano de 1990, em função de erros de escrituração	400.000,00
- Créditos correspondentes a Descontos Financeiros concedidos, em 1990, por recebimentos antecipados de Duplicatas vinculadas a revendas de mercadorias	1.200.000,00

Como todos os demais débitos feitos no ano de 1990 na questionada conta corresponderam a duplicatas emitidas contra Clientes, o montante das Vendas a Prazo naquele ano foi de:

a) R$ 79.050.000,00

b) R$ 77.850.000,00

c) R$ 79.450.000,00

d) R$ 80.250.000,00

e) R$ 79.850.000,00

262) (ESAF/AFTN-1994/setemb.) Reconhece existência de pagamento antecipado de juros:

a) Juros Ativos

a Juros a Vencer

b) Juros a Vencer

a Juros Ativos

c) Juros Passivos

a Juros Ativos

d) Juros a Vencer

a Juros Passivos

e) Receitas de Juros

a Juros a Vencer

263) (ESAF/AFTN-1994/março) Lançamentos (só contas e valores)

1) Comissões sobre Vendas

a Bancos Conta Movimento $ 500,00

2) Bancos Conta Movimento

a Duplicatas a Receber $ 800,00

3) Bancos Conta Movimento

a Receita de Aluguéis de Equipamentos $ 60,00

4) Obrigações Fiscais

a Bancos Conta Movimento $ 200,00

5) Bancos Conta Movimento

a Fundo de Comércios Adquirido $ 5.000,00

Os lançamentos acima, apresentados de forma simplificada, não se referem a estornos, retificações, transferências, complementações ou venda de direitos.

Assim sendo, está errado, em função da natureza e finalidade das contas envolvidas, o registro contábil de número

a) 1

b) 2

c) 3

d) 4

e) 5

264) (ESAF/AFTN-1994/março) A Cia. Industrial Romex efetuou, conforme nota fiscal 1.383 de 30/11/93, a seguinte transação

Cr$

- Venda a prazo de 20 (vinte) unidades do produto "XIS", de sua fabricação, ao preço unitário de 4,50 90,00

- Desconto Incondicional Concedido (constante da própria nota fiscal) 10,00

- IPI (20%) 16,00

- ICMS destacado (na nota fiscal) 20,00

O lançamento de 4ª fórmula (só contas e valores) correspondente a essa operação foi

	D	C
a) Clientes	90,00	
Impostos sobre Vendas	36,00	
A Vendas		96,00
A Conta Corrente do ICMS		20,00
A Descontos Incondicionais Concedidos		10,00
	126,00	126,00
b) Clientes	80,00	

Descontos Incondicionais Concedidos	10,00	
Impostos sobre Vendas	20,00	
Conta Corrente do IPI	16,00	
A Vendas		90,00
A Conta Corrente do ICMS		20,00
	126,00	126,00

c) Clientes 80,00

Descontos Incondicionais Concedidos	10,00	
Impostos sobre Vendas	36,00	
A Vendas		90,00
A Conta Corrente do IPI		16,00
A Conta Corrente do ICMS		20,00
	126,00	126,00

d) Clientes 96,00

Descontos Incondicionais Concedidos	10,00	
Impostos sobre Vendas	20,00	
A Vendas		90,00
A Conta Corrente do IPI		16,00
A Conta Corrente do ICMS		20,00
	126,00	126,00

e) Clientes 116,00

Descontos Incondicionais Concedidos	10,00	
A Vendas		90,00

A Conta Corrente do IPI	16,00
A Conta Corrente do ICMS	20,00
	126,00 126,00

GABARITO DOS EXERCÍCIOS DESTE CAPÍTULO

206- A 207- B 208- B 209- A 210- B   211- A 212- C 213- D 214- E 215- B

216- C 217- B 218- C 219- B 220- E   221- B 222- D 223- B 224- A 225- B

226- A 227- D 228- A 229- C 230- C   231- A 232- D 233- C 234- C 235- D

236- C 237- C 238- A 239- B 240- D   241- D 242- D 243- C 244- C 245- D

246- C 247- E 248- C 249- C 250- C C C E E 251- A 252- E 253- D 254- E

255- E 256- D 257- D 258- A 259- E C C E C 260- E 261- A 262- D 263- E

264- D

9 - O LANÇAMENTO CONTÁBIL

265) CAIXA

a JUROS R$ 100,00

O lançamento acima, apresentado de forma sintética, é exemplo de fato contábil

a) modificativo aumentativo

b) modificativo diminutivo

c) permutativo ativo

d) misto ou composto

e) permutativo passivo

266) A venda à vista, por R$ 2.000,00, de mercadorias adquiridas a prazo, por R$ 1.600,00, representa fato:

a) modificativo, porque modificou tanto o Ativo quanto o Passivo.

b) permutativo, porque permutou mercadorias adquiridas a prazo por dinheiro

c) modificativo, porque as mercadorias foram convertidas em dinheiro

d) permutativo, porque houve diminuição do saldo da conta Mercadorias e aumento do Passivo

e) misto, porque modificou o Ativo e a Situação Líquida

267) Aumenta o Patrimônio Líquido:

a) pagamento de salários;

b) recebimento de duplicatas a receber;

c) recebimento de duplicatas com juros;

d) pagamento de obrigações em dinheiro;

e) compra, à vista, de móveis e utensílios.

268) Numa empresa, o recebimento de juros (sobre adiantamento feito a empregado) sem o recebimento do principal correspondente é um fato contábil:

a) misto aumentativo;

b) modificativo aumentativo;

c) permutativo;

d) misto diminutivo;

e) modificativo diminutivo.

269) No pagamento de uma obrigação tributaria já registrada em seu Passivo, a empresa ultrapassou o prazo de vencimento, tendo que resgatá-la com os respectivos acréscimos legais cabíveis.

Essa operação caracteriza-se como um fato contábil:

a) permutativo;

b) misto diminutivo;

c) misto aumentativo;

d) modificativo aumentativo;

e) modificativo diminutivo.

270) A emissão de cheque no valor de R$ 1.000,00 para pagamento de uma duplicata, com juros de 25%, representa:

a) fato permutativo;

b) fato modificativo aumentativo;

c) fato modificativo diminutivo;

d) fato misto aumentativo;

e) fato misto diminutivo.

271) O lançamento Contábil

Contas a Receber

a Receita de Juros

Serve para registrar corretamente uma operação que:

a) afeta a situação líquida da empresa, porque há apropriação de novas receitas

b) não afeta a situação líquida da empresa, porque não há o efetivo recebimento dos juros

c) afeta a situação líquida da empresa, porque há o surgimento de novos direitos

d) não afeta o patrimônio da empresa, porque o fato é apenas permutativo

e) afeta o patrimônio da empresa, porque há aumentado do valor do Ativo e do Passivo

272) (TÉC-CONTAB/CONTROLADORIA-99) A alienação de um veículo por R$ 10.000,00 cujo valor contábil é de R$ 18.000,00 e a depreciação acumulada de R$ 7.200,00 constituirá contabilmente um fato

(A) modificativo diminutivo

(B) permutativo

(C) misto aumentativo

(D) modificativo aumentativo

(E) misto diminutivo

273) (ESAF/FISCAL-FORTALEZA/98) Observe a seqüência dos fatos contábeis ocorridos numa empresa:

aquisição de um veículo de uso, a prazo, por 10.000,00;

correção monetária do veículo (índice 1,1000);

depreciação do veículo em 20% do valor corrigido;

venda do veículo, a prazo, por 8.000,00.

A seqüência mostra a ocorrência de fatos contábeis

a) permutativo - modificativo diminutivo - modificativo diminutivo - misto diminutivo

b) permutativo - modificativo aumentativo - modificativo diminutivo - misto diminutivo

c) modificativo aumentativo - modificativo aumentativo - modificativo diminutivo - permutativo

d) misto aumentativo - permutativo - misto diminutivo - modificativo diminutivo

e) Permutativo - permutativo - permutativo - permutativo

274) (AGERS/RS/98) Considere a representação gráfica do patrimônio, em R$, em dois momentos.

ANTES

ATIVO PASSIVO E P. LÍQUIDO

Caixa 50 Fornecedores 20

Mercadorias 20 Credores 100

Imobilizado 150 Capital Social 100

220 220

"DEPOIS"

ATIVO PASSIVO E P. LÍQUIDO

Caixa 50 Fornecedores 20

Clientes 10 Credores 100

Mercadorias 15 Patr. Líquido <u>105</u>

Imobilizado <u>150</u> 225

225

Pode-se afirmar que o fato contábil ocorrido entre "ANTES" e "DEPOIS" é um fato:

a) misto aumentativo.

b) permutativo.

c) misto diminutivo.

d) modificativo aumentativo.

e) modificativo diminutivo.

275) (AGERS/RS/98) Um veículo adquirido por R$ 100,00 e com valor atual de R$ 240,00, utilizado durante 48 meses, foi vendido por R$ 48,00.

Considerando que os procedimentos contábeis foram normais em relação ao bem, pode-se afirmar que, em R$:

a) a venda deu lucro de 48

b) o PL aumentará em 240

c) o PL diminuirá em 140

d) o PL não será alterado

e) a venda deu um lucro de 92

276) (MTB-CESPE-UNB/94) A operação que caracteriza um fato contábil permutativo é o(a)

a) execução de serviços a terceiros, para pagamento a prazo.

b) recebimento de doação, por uma empresa estatal.

c) aumento de capital com a utilização de lucros acumulados e de reservas legais.

d) apuração do resultado de correção monetária de Ativo Permanente e do Patrimônio Líquido.

e) aumento de capital com nova subscrição dos sócios.

277) (ESAF/TFC-1996) Ocorre um fato contábil modificativo aumentativo

a) na prestação remunerada de serviço

b) no recebimento de duplicata julgada incobrável, mas ainda não baixada

c) na alienação de mercadorias a prazo, com incidência de juros de mora

d) na permuta de bens do ativo, com recebimento de troco em dinheiro

e) na realização de capital subscrito

278) (PF/PERITO/1993) Determinada empresa decidiu aumentar o seu Capital, utilizando-se, para isso, de recursos de lucros obtidos em exercícios anteriores. Essa decisão caracteriza-se como um:

(A) fato contábil modificativo.

(B) Fato contábil permutativo.

(C) Fato contábil misto.

(D) Ato administrativo.

279) (ESAF/TFC-SFC/97) O lançamento a seguir registra um fato contábil

Contas a Receber	17.000
Depreciação Acumulada de Máquinas 5.000	
Máquinas	15.000
Resultados não-operacionais	7.000

a) permutativo

b) modificativo aumentativo

c) misto aumentativo

d) misto diminutivo

e) modificativo diminutivo

280) (ESAF/TTN-97) Uma empresa, que adota o regime da competência em sua escrituração, encerrou exercício social em 31.12.96. Nos primeiros dias de 1997 escriturou os seguintes eventos:

1. pagamento de salários dos empregados relativos ao mês de dezembro de 1996;

2. recebimento da diferença de imposto recolhido a maior em dezembro de 1996 e já reclamada naquele mês à autoridade competente;

3. venda de um bem do ativo permanente pelo preço de custo.

A escrituração refere-se, respectivamente, a fatos contábeis

    a) permutativo - permutativo - permutativo

    b) modificativo diminutivo - modificativo aumentativo - permutativo

    c) permutativo - modificativo aumentativo - modificativo diminutivo

    d) modificativo diminutivo - misto aumentativo - permutativo

    e) misto diminutivo - misto aumentativo - misto diminutivo

281) (ESAF/MPOG/2001) Caracteriza fato contábil misto diminutivo a operação representada pelo lançamento

    D Fornecedores

    a) C Banco - Conta Movimento

    C Abatimentos sobre Compras

    D Caixa

    b) C Duplicatas a Receber

    C Receitas Financeiras

    c) D Veículos - novos

C Caixa

C Títulos a Pagar

C Veículos - antigos

D Empréstimos de Sócios

d)
C Capital a Integralizar

D Empréstimos Bancários

e) D Encargos Financeiros sobre Dívidas Repactuadas

C Títulos a Pagar

282) Caracterizam o Livro Diário, todos os atributos abaixo, exceto:

a) registro de todos os fatos administrativos que afetam o patrimônio;

b) registro no órgão competente;

c) ordem cronológica de escrituração;

d) faculdade de escrituração em partidas mensais;

e) obrigatoriedade.

283) A escrituração do Livro Diário com as operações registradas em rigorosa ordem cronológica de dia, mês e ano atende a uma:

a) formalidade extrínseca prevista para os livros obrigatórios;

b) exigência de natureza contratual;

c) formalidade intrínseca prevista para os livros facultativos;

d) formalidade extrínseca prevista para os livros facultativos;

e) formalidade intrínseca prevista para os livros obrigatórios.

284) O lançamento de terceira fórmula, no Livro Diário, assume a seguinte forma:

a) Local e data   d) Local e data

Conta Devedora   Diversos

a Diversos   a Conta Credora

Histórico e valor; Histórico e valor;

b) Local e data   e) Local e data

Diversos   Conta Devedora

a Conta Devedora a Conta Credora

Histórico e valor   Histórico e valor.

c) Local e data

Conta Credora

a Diversos

Histórico e valor;

285) Uma Partida de Diário deve conter, no mínimo:

a) histórico; local e data; valor da operação; contas devedora e credora

b) códigos das contas devedora e credora; valor da operação; histórico

c) n⁰ do "slip"; data e saldo da operação; contas devedora e credora; histórico

d) data e saldo da operação; histórico; contas devedora e credora

e) códigos das contas devedora e credora; data e valor da operação

286) Quanto à classificação dos livros contábeis, pode-se dizer que o Razão é um livro:

a) obrigatório, sistemático e principal

b) obrigatório, cronológico e principal

c) facultativo, sistemático e principal

d) obrigatório, sistemático e auxiliar

e) facultativo, cronológico e principal

287) É considerada formalidade intrínseca do Livro Diário a:

a) identificação da firma ou sociedade cujas operações são nele registradas

b) escrituração das operações em ordem cronológica

c) sua encadernação

d) numeração tipográfica de suas folhas

e) assinatura dos termos de abertura e de encerramento

288) Num livro DIÁRIO foram feitos 2 lançamentos, sendo o 1º. com várias contas debitadas e apenas uma creditada e o 2º. com uma conta debitada e várias creditadas.

Constata-se do exposto, terem sido utilizados lançamentos, respectivamente, de:

a) 1ª. e 4ª. fórmulas

b) 3ª. e 2ª. fórmulas

c) 2ª. e 3ª. fórmulas

d) 1ª. e 2ª. fórmulas

e) 3ª. e 4ª. fórmulas

289) (TÉC-CONTAB/CONTROLADORIA-99) Os fatos contábeis provocam modificações na estrutura de patrimônio e o seu registro deverá ser feito de maneira cronológica, selecionando-os em grupos homogêneos e evidenciando seus aspectos qualitativos e quantitativos. Isso caracteriza a Técnica Contábil de

. (A) Controle

(B) Planejamento

(C) Auditoria

(D) Escrituração

(E) Demonstrações Contábeis

290) (TRT-4ª/ANAL.JUD.-2001) Indicar todas e cada uma das operações da entidade na medida e ordem em que ocorrem, assim como as alterações qualitativas e quantitativas por elas produzidas nos recursos aplicados e nas origens destes recursos constitui função do

(A) razão.

(B) diário.

(C) balanço patrimonial.

(D) doar.

(E) fluxo de caixa.

291) Em relação ao texto abaixo, assinale a afirmativa falsa.

O princípio basilar do Método das Partidas Dobradas - não há débito sem crédito correspondente - permite que se chegue às seguintes conclusões:

a) a soma dos débitos é sempre igual à soma dos créditos;

b) a soma dos saldos devedores é sempre igual à soma dos saldos credores;

c) a soma das despesas (débito) é sempre igual à soma das receitas (crédito)

d) a um débito ou a mais de um débito, numa ou mais contas, deve corresponder um crédito equivalente em uma ou mais contas;

e) o total do Ativo será sempre igual à soma do Passivo Exigível com o Patrimônio Líquido.

292) Assinale a alternativa que contém a assertiva correta.

a) "Salários a Pagar" é conta de despesa, pois representa a parte dos salários que ainda não foi paga;

b) "Fornecedores" tem saldo credor, porque representa um débito da empresa e um crédito de terceiros;

c) "Clientes" tem saldo devedor, porque representa um débito da empresa;

d) "Fornecedores" representa uma divida da empresa, por isso é uma conta de saldo devedor;

e) "Clientes" representa um direito da empresa por isso é uma conta de saldo credor.

293) Em relação às contas de Resultado, pode-se afirmar que:

a) uma despesa, paga à vista, provoca uma redução de Ativo e um aumento de Passivo;

b) uma despesa, paga à vista, provoca uma redução no Ativo e na Situação Líquida;

c) uma receita, recebida á vista, provoca um aumento de Ativo e uma redução de Passivo;

d) uma receita, recebida à vista, provoca um aumento no Ativo e na Situação Líquida

e) as alternativas b e d estão corretas.

294) O saldo credor da conta Caixa:

a) é inadmissível numa escrituração regular e correta;

b) pode ocorrer nos casos de fornecimento de vales a empregados;

c) pode ocorrer nos casos de omissão de escrituração de compras á vista;

d) pode ocorrer nos casos de lançamento em duplicidade de vendas à vista;

e) pode ocorrer nos casos de desfalques de dinheiro sofridos pela empresa.

295) Identificar a única operação ocorrida com a Empresa XMW entre dois momentos (M1 e M2), sucessivos.

	Ativo R$		Passivo R$		
	M1	M2		M1	M2
Caixa	200	320	Fornecedores	400	400
Clientes	-	40	PL		
Mercadorias	800	600	Capital	1.000	1.000
Máquinas.	400	400	Prejuízo	-	(40)
Total	1.000	1360		1.400	1360

a) redução do Capital Social;

b) venda de mercadorias, à vista, com lucro;

c) venda de mercadorias, parte à vista e parte a prazo, com prejuízo;

d) venda de mercadorias, parte à vista e parte a prazo, com lucro;

e) n.d.a.

296) A Cia. XMW adquire R$ 160,00 de mercadorias, pagando, em moeda corrente, 50% com desconto de 20% e aceitando, pelo restante, uma duplicata. O Ativo da firma:

a) aumentou em R$ 96,00;

b) aumentou em R$ 160,00;

c) aumentou em R$ 80,00;

d) não aumentou e nem diminuiu;

e) n.d.a.

297) O Patrimônio Líquido da Cia. XMW, em determinado momento, está representado (em R$) por: Numerário - 100,00; Bens de Venda - 700,00; Bens de Uso - 500,00; Dívidas para com terceiros - 400,00; Bens de Renda - 100,00; Direitos - 200,00. Seu Patrimônio Líquido é de:

a) R$ 1.200,00;

b) R$ 1.300,00;

c) R$ 1.800,00;

d) R$ 2.000,00;

e) n.d.a.

298) O Patrimônio da empresa XMW é constituído (em R$) por: Máquinas - 600,00; Nota Promissória de sua emissão - 500,00; Duplicatas de seu aceite - 1.500,00; Fornecedores - 400,00; Estoques - 3.000,00; Bancos - 200,00; Caixa - 100,00.

Sabendo-se que o lucro corresponde a 20% do capital de terceiros, determinar o valor do Capital Social:

a) R$ 1.500,00;

b) R$ 3.900,00;

c) R$ 1.020,00;

d) R$ 480,00;

e) R$ 2.400,00.

299) A conta LUCROS ACUMULADOS :

a) tem sempre saldo credor;

b) pode ter saldo devedor, se o resultado do exercício for negativo;

c) é retificadora do Patrimônio Líquido;

d) é creditada nas transferências para constituição de reservas;

e) é debitada nas reversões de reservas anteriormente constituídas.

300) Assinale a alternativa que contém contas cujos saldos no Balanço Patrimonial são devedores:

a) Fornecedores e Honorários a Pagar;

b) Capital Social Subscrito e ICMS a Recolher;

c) Lucros Acumulados e Contas a Pagar;

d) Duplicatas a Receber e Móveis e Utensílios;

e) Duplicatas a Pagar e Aluguéis a Pagar.

301) No levantamento de Balanço para apuração do resultado do período base, as contas de:

a) custos e despesas são debitadas em contrapartida de uma conta transitória de resultado;

b) receitas são creditadas em contrapartida de uma conta transitória de resultado;

c) custos e despesas são creditadas em contrapartida de uma conta transitória de resultado;

d) receitas são creditadas em contrapartida de conta de Lucros ou Prejuízos Acumulados;

e) receitas são creditadas e as de despesas e custos são debitadas em contrapartida de uma conta transitória de resultado.

302) Assinale a opção que identifica, pelos números de ordem , exclusivamente contas que têm saldo de natureza devedora, constantes da relação a seguir:

1 - Caixa

2 - Duplicatas a Pagar

3 - Duplicatas a Receber

4 - Duplicatas Descontadas

5 - Imóveis de Uso

6 - Máquinas

7 - Móveis e Utensílios

8 - Notas Promissórias a Pagar

9 - Despesas de Salários

10 - Veículos de Uso

a) 1, 3, 5, 7 e 9;

b) 2, 4, 6, 8 e 10;

c) 1, 2, 3, 4 e 5;

d) 6, 7, 8, 9 e l0;

e) 3, 4, 5, 6 e 7.

303) Do Balanço Patrimonial de uma empresa, foram extraídos os seguintes dados:

Patrimônio Líquido - R$ 150.000,00;

Mercadorias - R$ 150.000,00;

Fornecedores - R$ 50.000,00.

Os dados faltantes são os relativos a Capital, Lucros ou Prejuízos Acumulados e outros Ativos, e têm, respectivamente, os seguintes valores (considere que os valores entre parênteses referem-se a prejuízos):

a) R$ 150.000,00; zero e zero;

b) R$ 150.000,00; (R$ 50.000,00) e zero;

c) R$ 150.000,00; R$ 50,00,00 e R$ 50.000,00;

d) R$ 100.000,00; R$ 50.000,00 e R$ 50.000,00;

e) R$ 150.000,00; (R$ 50.000,00) e R$ 50.000,00.

304) De acordo com o regime de competência:

a) as receitas e despesas são computadas no resultado de cada exercício na proporção dos recebimentos e pagamentos;

b) as receitas e despesas somente podem ser computadas no resultado do exercício depois de seus recebimentos e pagamentos;

c) a receita é reconhecida quando bens ou serviços são fornecidos a terceiros em troca de dinheiro ou de outro valor do Ativo;

d) as receitas e despesas são atribuídas aos períodos de ocorrência de seus respectivos fatos geradores;

e) as alternativas c e d estão corretas.

305) Quando se adota o regime de competência, ao encerrar-se o exercício, os saldos:

a) de todas as contas são transferidos automaticamente para o resultado do exercício;

b) não são transferidos para o resultado do exercício;

c) das contas de resultado são automaticamente transferidos para o resultado do exercício;

d) das contas de resultado, somente depois de expurgadas as parcelas que se referem a exercícios futuros, é que se transferem para o resultado do exercício;

e) n.d.a.

306) Os saldos das contas Caixa e Bancos no dia 01/05/97 eram, respectivamente, de R$ 70.000,00 e R$ 740.000,00.

Sabendo-se que, no período:

foram feitos saques em conta - corrente bancária no valor de R$ 580,000,00, em dinheiro;

foram feitos depósitos bancários no montante de R$ 500.000,00;

não foram feitos outros créditos na conta Caixa;

no dia 31/05/97, o saldo da conta Caixa era de R$ 150.000,00.

Pode-se afirmar que os valores: total de débitos à conta Caixa e saldo da conta Bancos eram, em 31/05/97, respectivamente, de:

a) R$ 70.000,00 e R$ 660.000,00;

b) R$ 150.000,00 e R$ 660.000,00;

c) R$ 500.000,00 e R$ 500.000,00;

d) R$ 580,000,00 e R$ 660.000,00;

e) R$ 580.000,00 e R$ 500.000,00

307) Indique o item que contém o lançamento contábil de um dos fatos contábeis descritos:

1 - compra de material de consumo, a prazo;

2 - apropriação de consumo de energia elétrica;

3 - pagamento de duplicata com juros de mora;

4 - pagamento de salários do período anterior.

a) Despesas de Salários

a Caixa

b) Despesas de Energia Elétrica

a Contas a Pagar

c) Caixa

a Receitas de Juros

d) Duplicatas a Pagar

a Caixa

e) Caixa

a Salários a Pagar

308) observe o lançamento abaixo:

Duplicatas a Pagar

a Diversos

a Bancos 98.000,00

a Descontos Obtidos 2.000,00 100.000,00

Assinale a alternativa correta:

a) alienação de bens a prazo;

b) alienação de bens a prazo, com desconto;

c) aquisição de bens a prazo;

d) aquisição de bens com desconto;

e) pagamento de dívidas com desconto.

309) Uma empresa que adquiriu um carro para seu próprio uso, pagando uma entrada de 20% e aceitando duplicatas no valor de R$ 20.000,00, deverá fazer o seguinte lançamento contábil;

a) Diversos

a Duplicatas a Pagar

Caixa 5.000,00

Veículos 20.000,00 25.000,00

b) Veículos

a Diversos

a Caixa 5.000,00

a Duplicatas a Pagar 20.000,00 25.000,00

c) Diversos

a Duplicatas a Pagar

Caixa 4.000,00

Veículos 16.000,00 20.000,00

d) Veículos

a Diversos

a Caixa 4.000,00

a Duplicatas a Pagar <u>16.000,00</u> 20.000,00

e) Veículos

a Diversos

a Caixa 4.000,00

a Duplicatas a Pagar <u>16.000,00</u> 20.000,00

310) A emissão de um cheque no valor de R$ 500,00 para pagamento de uma duplicata, com juros de 25%, deve receber o seguinte lançamento contábil:

a) Diversos

a Bancos c/Movimento

Duplicatas a Pagar 400,00

Juros Passivos <u>100,00</u> 500,00

b) Duplicatas a Pagar

a Diversos

a Bancos c/Movimento 500,00

a Despesas de Juros <u>100,00</u> 600,00

c) Diversos

a Bancos c/Movimento

Duplicatas a Pagar 500,00

Despesas de Juros <u>125,00</u> 625,00

d) Bancos c/Movimento

a Diversos

a Duplicatas a Pagar 400,00

a Juros Passivos <u>100,00</u> 500,00

e) Diversos

a Duplicatas a Pagar

Bancos c/Movimento 500,00

Despesas de Juros 1<u>00,00</u> 600,00

311) Determinado cliente pagou duplicata de seu aceite no valor de R$ 80.000,00, adicionado de juros de mora de R$ 4.000,00.

Assinale a opção que contém o lançamento contábil, na emitente da duplica, considerando-se que sua liquidação foi feita através de cobrança bancária.

a) Diversos

a Duplicatas a Receber

Bancos 80.000,00

Receitas de Juros <u>4.000,00 84.000,00</u>

b) Bancos

a Diversos

a Duplicatas a Receber 80.000,00

a Receitas de Juros <u>4.000,00 84.000,00</u>

c) Duplicatas a Receber

a Diversos

a Bancos 80.000,00

a Receitas de Juros <u>4.000,00 84.000,00</u>

d) Diversos

a Bancos

Duplicatas a Receber 80.000,00

Receitas de Juros <u>4.000,00 84.000,00</u>

e) Duplicatas a Receber

a Diversos

a Duplicatas Descontadas 80.000,00

a Receitas de Juros <u>4.000,00 84.000,00</u>

312) O Método das Partidas Dobradas utiliza, nos lançamentos:

a) uma fórmula;

b) duas fórmulas;

c) três fórmulas;

d) quatro fórmulas;

e) n.d.a.

313) Observe:

Diversos

a Caixa 110.000,00

Financiamentos Bancários 100.000,00

Juros Passivos 10.000,00

O lançamento acima representa no Método das Partidas Dobradas, lançamento de :

a) segunda fórmula;

b) terceira fórmula;

c) quarta fórmula;

d) pagamento de financiamento bancário com acréscimo de juros;

e) as alternativas b e d estão corretas.

314) Para o registro contábil do pagamento de uma duplicata, com desconto, feito num único lançamento (Partida de Diário), usam-se:

a) uma conta devedora e uma credora

b) duas contas devedoras e duas credoras

c) duas contas devedoras e uma credora

d) uma conta devedora e duas credoras

e) três contas devedoras e uma credora

315) A compra de equipamento para uso da própria empresa, pagando-se uma entrada em dinheiro e aceitando-se duplicatas pelo valor restante, será contabilizada através de um único lançamento de:

a) segunda fórmula

b) primeira fórmula

c) fórmula simples

d) terceira fórmula

e) quarta fórmula

316) Assinale a alternativa correta:

a) A conta "Salários a Pagar" é uma conta de despesa, pois representa a parte dos salários que ainda não foi paga

b) A conta "Fornecedores" tem saldo credor, porque representa um débito da empresa

c) A conta "Clientes" tem saldo devedor, porque representa um débito da empresa

d) A conta "Fornecedores" representa uma dívida da empresa, por isso é uma conta de saldo devedor

e) A conta "Clientes" representa um direito da empresa, por isso é uma conta de saldo credor

317) O lançamento DIVERSOS a DIVERSOS

a) é geralmente empregado no registro de operações através de partidas mensais

b) é o mais adequado ao registro individualizado das operações de uma empresa

c) é o mais adequado à escrituração feita através da computação eletrônica de dados

d) não é admitido pelo método das partidas dobradas

e) é chamado de 2ª. fórmula

318) O lançamento de 2ª. fórmula é aquele composto de:

a) uma conta a débito e uma a crédito

b) uma conta a débito e duas ou mais contas a crédito

c) duas ou mais contas a débito e uma só conta a crédito

d) duas ou mais contas a débito e duas ou mais contas a crédito

e) histórico e valor da operação

319) A operação de venda de um veículo ainda não depreciado, feita sem lucro ou prejuízo, é registrada contabilmente mediante o seguinte lançamento:

a) débito de contas a pagar e crédito de veículos

b) débito de veículos e crédito de caixa

c) débito de veículos e crédito de contas a receber

d) débito de contas a receber e crédito de veículos

e) débito de veículos e crédito de contas a pagar

320) A empresa "Delmiro Campos e Cia. Ltda." devolveu a um cliente, em dinheiro, a quantia de R$ 27.000,00 recebida a maior quando da liquidação de duplicata mercantil por ela emitida. O registro contábil do fato feito, acertadamente, a débito da conta:

a) "Duplicatas a Pagar"

b) "Caixa"

c) "Duplicatas a Receber"

d) "Despesas com Restituições"

e) "Devolução de Vendas"

321) Toda conta do Ativo será:

a) debitada pelo aumento e creditada pela diminuição

b) debitada pela diminuição e creditada pelo aumento

c) debitada ou creditada, conforme se trate de bem tangível e intangível

d) debitada para registrar decréscimo patrimonial e creditada para registrar aumento patrimonial

e) debitada para registrar aumento patrimonial e creditada para registrar decréscimo patrimonial

322) Tendo em vista que as contas podem receber lançamentos de débito e de crédito, pode-se afirmar que os lançamentos:

a) a crédito de conta de despesas representam um aumento em seu saldo

b) a débito da conta de Resultado do Exercício representam transferência das contas de despesas ou custos

c) a débito da conta de despesas representam transferência de saldo para apuração de resultado do exercício

d) a débito da conta de Resultado do Exercício representam transferência das contas de receitas

e) a crédito da conta de receitas representam transferência de saldo para apuração de resultado do exercício

323) O método das Partidas Dobradas utiliza, nos lançamentos:

a) uma fórmula

b) três fórmulas

c) duas fórmulas

d) quatro fórmulas

e) fórmulas mistas

324) Registra contabilmente o aumento das obrigações da empresa o lançamento

a) Despesas de Seguros

a Seguros a Vencer

b) Provisão para créditos de Liquidação Duvidosa

a Clientes

c) Adiantamentos a Fornecedores

a Caixa

d) Impostos Incidentes sobre Vendas - ICMS

a ICMS a Recolher

e) Duplicatas Descontadas

a Duplicatas a Receber

325) Levando-se em conta os pressupostos do método das partidas dobradas, podemos afirmar que o lançamento de valores a débito de uma conta:

a) e a crédito de duas ou mais de duas contas é denominado lançamento de segunda fórmula

b) e a crédito de duas ou mais de duas contas é denominado lançamento de terceira fórmula

c) e a crédito de uma ou mais de uma conta é denominado lançamento de quarta fórmula

d) e a crédito de outra conta é denominado lançamento de terceira fórmula

e) ou mais de uma conta e a crédito de uma conta é denominado lançamento de segunda fórmula

326) O lançamento

DUPLICATAS DESCONTADAS

a DUPLICATAS A RECEBER

é feito para registrar contabilmente

a) a emissão de duplicata contra cliente da empresa

b) o aceite de duplicata por parte do sacado

c) o desconto de duplicata junto a um banco

d) a baixa de duplicata descontada junto ao banco que a descontou, por não haver sido paga pelo sacado

e) o pagamento, pelo sacado, de duplicata descontada

327) **(TFC/ESAF-2001)** Aponte o lançamento correto, considerando que os históricos estão certos e adequados:

a) Diversos

a Caixa

pelo recebimento de duplicatas, como segue:

Duplicatas a Receber valor principal do título 300,00

Juros Ativos valor dos juros incorridos 30,00 330,00

Duplicatas a Pagar

a Diversos

pelo pagamento de duplicatas, como segue:

b) a caixa

valor líquido do título 270,00

a Descontos Passivos

valor dos descontos obtidos no pagamento 30,00 300,00

Diversos

a Diversos

valor das vendas de mercadorias isentas de

tributação realizadas nesta data, como segue:

Caixa

valor recebido como entrada e sinal de pagamento 100,00

c)

Clientes

valor financiado na operação, para 30 e 60 dias 400,00 500,00

a Mercadorias

valor de custo que ora se baixa do estoque 350,00

a Resultado com Mercadorias

valor do lucro alcançado nesta venda 150,00 500,00

Caixa

d) a Bancos conta Movimento

valor do nosso depósito bancário nesta data 250,00

Comissões Ativas

e) a Caixa

valor das despesas de comissão, pago nesta data 60,00

328) (AGERS/RS/98) Efetuando, no mesmo lançamento, a venda por valor abaixo do residual e a baixa de um bem do imobilizado, o resultado da operação e o lançamento, quanto à fórmula, serão, respectivamente:

a) prejuízo e 3ª fórmula

b) prejuízo e 4ª fórmula

c) lucro e 2ª fórmula

d) prejuízo e 2ª fórmula

e) lucro e 4ª fórmula

329) (ESAF/TTN-1994/vespertino) - Recife, 13 de julho de 1994

D - Duplicatas a pagar

Valor da duplicata n.º 73/94 da SETEX S.A., substituída por

Uma Nota promissória vencível em 13/09/94. R$ 700,00

D - Juros Passivos 4% sobre valor da duplicata 73/94 da SETES S.A.

substituída por nota promissória vencível em 13/09/94 R$ 28,00

C - Notas Promissórias a Pagar

Nosso aceite de nota promissória em favor da SETEX S.A.,

Vencível em 13/09/94, emitida em substituição à duplicata

Nº 73, vencida hoje, mais juros de 2% ao mês. R$ 728,00 R$ 728,00

Obs.: A situação líquida da empresa que efetuou o lançamento continuou, após o mesmo, positiva.

O lançamento contábil transcrito (feito no livro Diário)

observou o método das partidas simples, a função histórica e a função monetária

b) é de 2ª fórmula e reduziu a situação líquida

c) é de 3ª fórmula e reduziu a situação líquida

d) é de 2ª fórmula e aumentou a situação líquida

e) observou o método das partidas dobradas e aumentou a situação líquida

330) (ESAF/TTN-97) Na conferência física do dinheiro depositado em cofre verificou-se que havia ali R$ 300,00, enquanto que o saldo contábil da conta Caixa era de R$ 400,00. Justificou-se a divergência com a seguinte constatação:

a) houve omissão de escrituração de vendas no valor de R$ 100,00

b) uma nota de compra de R$ 50,00 foi escriturada como sendo de venda

c) um adiantamento salarial de R$ 100,00 foi escriturado duas vezes

d) um cheque emitido para suprimento de caixa, do valor de R$ 100,00, não foi escriturado

e) Houve omissão de escrituração de compras no valor de R$ 50,00

331) (ESAF/TRF-2000) Abaixo são apresentadas cinco afirmativas. Escolha entre elas a única que <u>não</u> expressa inteiramente a verdade.

a) O pagamento, em cheque bancário, do valor de uma duplicata acrescido de encargos de juros e de mora, deve ser contabilizado em lançamento de terceira fórmula.

b) Quando o extrato bancário de uma empresa apresenta saldo credor, o valor desse saldo passa a representar um passivo na estrutura patrimonial.

c) A aquisição de máquinas, parte para alugar e parte para revender, com pagamento de entrada em dinheiro e aceite de títulos pelo valor restante, caracteriza um fato administrativo permutativo.

d) As contas de Provisão tanto podem ser classificadas no Passivo Circulante, como no Ativo Circulante ou no Ativo Permanente, dependendo de sua natureza, mas, mesmo assim, todas elas são formadas a partir de débitos lançados em contas de despesa.

e) Uma operação de devolução de vendas afeta os valores contabilizados tanto em "Receita de Vendas", como em "Custo das Vendas", como também afeta o valor do estoque final.

332) (ESAF/TRF-2000) Os títulos que estão relacionados abaixo em ordem alfabética constam do Plano de Contas da empresa S/A Mera & Simples.

Ações de Coligadas Ações em Tesouraria

Capital a Integralizar Capital Social

Depósito Bancário Despesas Antecipadas

Duplicatas Descontadas Duplicatas a Pagar

Duplicatas a Receber Empréstimos Bancários

Estoque de Mercadorias Receitas Antecipadas

Venda de Mercadorias

Observando-se a relação acima podemos dizer que ela contém

    a) 01 conta de passivo, 05 contas de ativo e 07 contas de patrimônio líquido

    b) 02 contas integrais credoras, 05 contas integrais devedoras e 06 contas diferenciais

    c) 03 contas de resultado e 10 contas patrimoniais

    d) 06 contas de saldos credores e 07 contas de saldos devedores

    e) 03 contas de agente consignatário, 04 contas de agente correspondente e 06 contas do proprietário

333) (ESAF/TFC/2001) Os procedimentos contábeis utilizados no Método das Partidas Dobradas exigem que se registrem os investimentos da atividade em contrapartida com as respectivas fontes de financiamento, formando-se, com isso, um fundo de valores positivos e negativos que se contrapõem.

Desse modo, quando é elaborado um balancete de verificação no fim de determinado período, o fundo de valores positivos, do ponto de vista contábil, estará representado pela soma

a) dos bens, dos direitos e das despesas

b) dos bens e dos direitos

c) dos bens, dos direitos e das receitas

d) do ativo e do patrimônio líquido

e) do patrimônio líquido

334) O Balancete de Verificação do Razão tem como principal finalidade:

a) demonstrar o crédito apurado;

b) demonstrar a exatidão da equação do patrimônio;

c) evidenciar o Patrimônio Líquido da entidade;

d) colocar em destaque o Ativo Líquido da entidade;

e) relacionar as contas de acordo com seus respectivos saldos e verificar a igualdade entre a soma dos saldos devedores e credores.

335) O balancete de verificação da empresa Alfa apresenta as seguintes contas e respectivos saldos em 31.12.88:

Mercadorias (estoques) R$ 2.750,00

Material de Consumo (estoques) R$ 800,00

Contas a Pagar R$ 4.250,00

Receita de Aluguel R$ 1.700,00

Contas a Receber R$ 1.250,00

Despesas de Juros R$ 1.150,00

Impostos a Recolher R$ 1.350,00

Capital Social R$ 3.400,00

Prejuízos Acumulados R$ 250,00

Com base nas informações acima, pode-se afirmar com segurança que, em 31.12.88, a empresa Alfa tinha um Capital Próprio no valor de:

a) R$ 3.150,00

b) R$ 2.350,00

c) R$ 3.700,00

d) R$ 3.950,00

e) R$ 2.900,00

336) Após todos os ajustes, o Balancete de Verificação, da Cia. XMW em 31/12/X2, apresentou os seguintes dados:

Contas	Saldos em R$	
	Devedores	Credores
Bancos conta movimento	120.000	-
Caixa	20.000	-
Capital	-	200.000
Custo das Mercadorias Vendidas	680.000	-
Depreciação Acumulada	-	15.000,
Despesas Gerais	220.000	-
Duplicatas a Pagar	-	50,000
Duplicatas a Receber	80.000	-
Equipamentos	60.000	-
Lucros Acumulados	-	30.000
Mercadorias	40.000	-
Receitas de vendas	-	910.000
Salários a Pagar	-	15.000
Totais	**1.220.000**	**1.220.000**

No Balanço de encerramento, o Patrimônio Líquido totaliza:

a) R$ 245.000,00;

b) R$ 240.000,00;

c) R$ 230.000,00;

d) R$ 220.000,00;

e) R$ 200.000,00.

337) Casa das Baterias Ltda., cujo balanço é levantado a **31 de agosto** de cada ano, apresentou no Balancete de Verificação de 31/08/82 (elaborado com a finalidade de permitir a realização de ajustes ao resultado do exercício), na conta "ALUGUÉIS A VENCER", um saldo devedor de R$ 36.000,00, relativo **ao contrato de aluguel**, no montante de R$ 135.000,00, **do depósito geral**, abrangendo o período de 01/10/80 a 31/03/83.

A fim de atender ao regime de competência dos exercícios, o contador da empresa fez uma partida de diário, debitando a conta ALUGUÉIS e creditando a conta "ALUGUÉIS a VENCER", no valor de:

a) R$ 27.600,00

b) R$ 1.200,00

c) R$ 4.500,00

d) R$ 31.500,00

e) R$ 13.500,00

338) Considere o lançamento abaixo:

Lucros ou Prejuízos Acumulados

a Resultado do Exercício

Esse lançamento se destina ao seguinte registro:

a) encerramento das contas de despesas na apuração do resultado do exercício;

b) encerramento das contas de receitas na apuração do resultado do exercício;

c) transferência para lucros ou prejuízos acumulados do lucro apurado do exercício;

d) transferência para lucros ou prejuízos acumulados do prejuízo apurado no exercício;

e) correção monetária dos lucros ou prejuízos acumulados dentro da sistemática da correção monetária do balanço.

339) A firma ABC foi registrada e obteve R$ 500,00 dos sócios, na forma de capital; R$ 300,00 de terceiros, na forma de empréstimos e R$ 150,00 de terceiros, na forma de rendimentos. Aplicou esses recursos, sendo: R$ 450,00 em bens para revender; R$ 180,00 em caderneta de poupança; R$ 240,00 em empréstimos concedidos; e o restante em despesas.

Com essa gestão, pode-se afirmar que a empresa ainda tem um patrimônio bruto e um patrimônio líquido, respectivamente, de:

a) R$ 870,00 e R$ 570,00

b) R$ 690,00 e R$ 570,00

c) R$ 630,00 e R$ 330,00

d) R$ 950,00 e R$ 500,00

e) R$ 950,00 e R$ 650,00

340) Dados extraídos de um balanço patrimonial:

Ativo Total 10.000,00

Ativo Permanente 5.000,00

Ativo Realizável a Longo Prazo 2.000,00

Ativo Circulante (valor parcial, faltando ser computado o saldo de uma conta) 3.500,00

A conta cujo saldo não fora computado no Ativo Circulante poderá ser:

a) Bancos - Conta Movimento

b) Duplicatas a Receber

c) Mercadorias em Estoque

d) Despesas Pagas Antecipadamente

e) Duplicatas Descontadas

341) (ESAF/AFTN-1989) A empresa Comercial Santa Rita Ltda., registrou nos livros fiscais e comerciais a aquisição, em 28/09/88, de 500 (quinhentas) radiolas, ao preço unitário de R$ 10.000,00. O ICMS destacado na nota fiscal, R$ 600.000,00, foi calculado à alíquota de 12% (doze por cento).

No livro DIÁRIO foram **debitadas** as contas "COMPRAS" (R$ 4.400.000,00) e "ICMS A RECUPERAR" (R$ 600.000,00) e creditada a conta "FORNECEDORES" (R$ 5.000.000,00).

Toda a mercadoria adquirida foi inventariada em 31/12/88, o que acarretou o lançamento contábil (DIÁRIO) a **débito** da conta "ESTOQUES DE MERCADORIAS" e a crédito da conta "COMPRAS".

No dia 03/01/89 mais um lançamento foi feito do DIÁRIO a **débito** da conta "FORNECEDORES" (R$ 5.000.000,00) e a **crédito** das contas "ESTOQUES DE MERCADORIAS" (R$ 4.400.000,00) e "RECEITA NÃO-OPERACIONAIS" (R$ 600.000,00)

O Fisco Estadual constatou, posteriormente, que a nota fiscal era "fria" e o fornecedor **fantasma**, ou seja, a operação tinha sido forjada. Em decorrência, autuou a empresa pelo crédito indevido do ICMS e enquadrou seus dirigentes como incursos em crime de sonegação fiscal.

Em função dos registros contábeis efetuados, o lucro líquido apurado e declarado pela Comercial Santa Rita Ltda., em 31/12/88, no montante de R$ 10.000.000,00

a) não foi afetado

b) foi reduzido em R$ 600.000,00

c) foi aumentado em R$ 600.000,00

d) foi reduzido em R$ 5.000.000,00

e) foi reduzido em R$ 4.400.000,00

342) **(ESAF/TFC-SFC/97)** Aponte o lançamento contábil que enseje variação do patrimônio líquido.

a)
Reserva de Lucros a Realizar
a Lucros Acumulados

b)
Reserva Legal
a Capital

c)
Prejuízos Acumulados
a Resultado do Exercício

d)
Lucros Acumulados
a Reserva para Contingências

e)
Capital
a Prejuízos Acumulados

343) **(ESAF/MPOG/2001)** De acordo com a legislação brasileira,

a) os bens arrendados utilizados pela arrendatária integram seu Ativo.

b) o fundo de comércio que a empresa vai acumulando ao longo de sua existência não é registrado em seu Ativo.

c) as partes beneficiárias atribuídas gratuitamente pela companhia classificam-se no seu Patrimônio Líquido.

d) os tributos devidos cujo valor esteja sendo questionado pela empresa não podem figurar em seu Passivo.

e) as ações da própria companhia, adquiridas e mantidas em tesouraria, devem ser classificadas no seu Ativo.

344) (TÉC-CONTAB/CONTROLADORIA-99) Quando há o aumento do capital com utilização de Lucros Acumulados e Reservas, observa-se que

(A) haverá aumento no capital próprio

(B) não há variação no capital próprio

(C) haverá a diminuição no capital próprio

(D) haverá aumento no passivo e diminuição no patrimônio líquido

(E) haverá a diminuição no passivo e aumento no patrimônio líquido

345) (ESAF/TFC-1996) Pedro e Paulo constituíram uma empresa para explorar o comércio de gêneros alimentícios. Subscreveram capital de 100.000,00, integralizado em 20%. Para a integralização, os sócios fizeram empréstimo bancário, individualmente. A empresa adquiriu bens de uso, no valor de 30.000,00, utilizando para pagamento os recursos oriundos da integralização do capital e títulos de crédito emitidos em favor dos vendedores. Adquiriu, ainda, a prazo, mercadorias para revenda, no valor de 20.000,00. Assim sendo, o capital próprio da nova sociedade é de

a) zero

b) 20.000.00

c) 30 000.00

d) 50.000,00

e) 100.000,00

346) (Unb-CESPE/STF-analista/99) A escrituração da companhia será mantida em registros permanentes, devendo observar métodos ou Critérios contábeis uniformes no tempo. Tendo havido modificação de métodos ou critérios contábeis, de efeitos relevantes no resultado do período, a companhia tem o dever de

a) alterar a sua escrita, revertendo os registros, pois não pode haver mudança de método ou critério contábil.

b) excluir os seus efeitos da base de cálculo dos dividendos a serem distribuídos.

c) oferecer a diferença à tributação, caso tenha ocorrido acréscimo de resultado.

d) retificar o valor do patrimônio líquido no balanço patrimonial, passando a demonstrar a situação sem esses efeitos e com eles em todos os exercícios sociais subsequentes.

e) indicá-la em nota explicativa e ressaltar esses efeitos.

347) (ESAF/TFC-1996) A conta Marcas e Patentes é representativa de

a) bem do ativo permanente - imobilizado, sujeita a depreciação

b) bem do ativo permanente - investimentos, sujeito a depreciação

c) direito do ativo permanente - imobilizado, sujeito o amortização

d) direito do ativo permanente - investimentos, sujeito a amortização

e) bem ou direito do ativo diferido, sujeito a exaustão

348) (TÉC-CONTAB/CONTROLADORIA-99) Ao liquidar uma dívida da empresa

(A) o seu débito diminuirá

(B) a sua dívida aumentará

(C) o seu crédito aumentará

(D) o seu débito permanecerá inalterado

(E) o seu crédito diminuirá

349) (ESAF/TTN-1994/matutino) <u>Fatos</u> <u>Contábeis</u>:

- Pagamento em dinheiro de duplicata de fornecedor:

- Compra de imóvel à vista:

- Depósito de cheque recebido de cliente, em banco:

- Aumento do Capital Social com incorporação de Reservas;

- Juros creditados pelo banco, na conta de movimento, referentes a Duplicatas a Receber, cobrança simples, liquidadas com atraso;

- Desconto obtido pelo pagamento antecipado de duplicata a fornecedor;

- Pagamento de juros de mora por atraso na liquidação de empréstimo bancário:

- Pagamento de ordenados:

- Venda à vista de ações em tesouraria:

- Adiantamentos de acionistas para futuro aumento de capital.

Obs.: Todos os recebimentos, em dinheiro ou cheque, são contabilizados na conta CAIXA.

Os lançamentos contábeis dos fatos acima relacionados que não alteram o total do ATIVO (soma do Circulante, Realizável a Longo Prazo e Permanente - parte positiva do patrimônio) são em número de

a) seis

b) sete

c) três

d) quatro

e) cinco

350) (ESAF/TTN-1994/vespertino) - Uma empresa transferiu seus Ativos e Passivos por R$ 165.000,00, importância recebida em dinheiro. Sabendo-se que o seu Patrimônio Líquido era de R$ 145.000,00, pode-se afirmar que a operação gerou

a) resultado nulo ------ nem lucro, nem prejuízo ------

b) prejuízo de R$ 310.000,00

c) prejuízo de R$ 20.000,00

d) lucro de R$ 310.000,00

e) lucro de R$ 20.000,00

351) (TÉC-CONTAB/CONTROLADORIA-99) Como exemplos de Técnicas Contábeis, temos:

(A) controle e auditoria

(B) planejamento e escrituração

(C) demonstrações contábeis e controle

(D) planejamento e controle

(E) auditoria e análise de balanços

GABARITO DOS EXERCÍCIOS DESTE CAPÍTULO

265- A 266- E 267- C 268- B 269- B 270- E 271- A 272- E 273- B 274- A

275- D 276- C 277- A 278- B 279- C 280- A 281- E 282- D 283- E 284- D

285- A 286- C 287- B 288- B 289- D 290- B 291- C 292- B 293- E 294- A

295- C 296- C 297- A 298- C 299- A 300- D 301- C 302- A 303- D 304- E

305- D 306- D 307- B 308- E 309- B 310- A 311- B 312- D 313- E 314- D

315- A 316- B 317- A 318- B 319- D 320- C 321- A 322- B 323- D 324- D

325- A 326- E 327- C 328- A 329- C 330- B 331- B 332- D 333- A 334- E

335- C 336- B 337- C 338- D 339- A 340- E 341- A 342- C 343- B 344- B

345- B 346- E 347- C 348- A 349- C 350- E 351- E

10 - OPERAÇÕES COM MERCADORIAS

352) (FISCAL ICMS/MS-2000) Indique, dentre as alternativas abaixo, aquela que melhor caracteriza o Sistema de Inventário Permanente:

A)Sempre que houver o controle do Estoque de Mercadorias de forma contínua, dando-se baixa acumulada e anual pelo total das Vendas, utilizando como base o preço de mercado dessas mercadorias vendidas.

B)Sempre que não houver o controle do Estoque de Mercadorias de forma não contínua, dando-se baixa acumulada e anual pelo total das Vendas, utilizando como base o preço de mercado dessas mercadorias vendidas.

C)Sempre que houver o controle do Estoque de Mercadorias de forma contínua, dando-se baixa, em cada venda, pelo custo dessas mercadoria vendidas.

D)Sempre que houver o controle do Estoque de Mercadorias de forma não contínua, paralela e concomitante, dando-se baixa do total transacionado pelo custo dessas mercadorias vendidas.

353) (FISCAL ICMS/MS-2000) Quando as Vendas de uma empresa são realizadas sem um controle concomitante e paralelo do Estoque de Mercadorias, indique qual dos sistemas abaixo está sendo utilizado para calcular o Custo das Mercadorias Vendidas:

A) Sistema de Inventário Permanente.

B) Sistema de Inventário de Preço Justo.

C) Sistema de Inventário Periódico.

D) Sistema de Inventário de Fluxo Alternado.

354) (AFTN-1994/setembro) Na escrituração contábil de uma empresa varejista encontramos o seguinte lançamento de registro de compra de mercadorias:

Caixa 800.000,00

a Mercadorias 800.000,00

Sabendo-se que o registro se refere a uma nota fiscal com as seguintes características:

1) 40 u. do produto X a R$ 12,50 a u.	500.000,00
40 u. do produto Y a R$ 5,00 a u.	200.000,00
40 u. do produto Z a R$ 2,50 a u.	100.000,00
	800.000,00
2) IPI lançado	120.000,00
3) Total da nota fiscal	920.000,00
4) Mercadoria sujeita ao ICMS de 18%	

5) A empresa não é equiparada para efeito de IPI

podemos afirmar que o lançamento

a) está correto, apesar de não registrar o destaque do ICMS

b) não está correto, porque não registrou o destaque do ICMS e o lançamento do IPI

c) não está correto

d) não está correto, porque não registrou o destaque do ICMS

e) está correto

355) (MEMÓRIA/1999-SP) No término do exercício social, uma empresa prestadora de serviços observou que havia alguns serviços prestados a clientes que não estavam ainda faturados. Em obediência ao princípio da Competência, registrou contabilmente o fato mediante o seguinte lançamento:

A) Clientes Diversos a Serviços a Faturar

B) Serviços a Faturar a Receita Antecipada de Serviços

C) Serviços a Faturar a Receita de Serviços

D) Clientes Diversos a Receita Antecipada de Serviços

E) n.d.a.

356) O saldo da conta Mercadorias, utilizada para registro dos estoques, das entradas e das saídas de mercadorias, apresentava-se credor, no valor de R$ 430,00.

Sabendo-se que o inventário indica a existência de estoques de R$ 270,00, pode-se afirmar que o Resultado com Mercadorias foi de:

a) R$ 160,00 de lucro

b) R$ 160,00 de prejuízo

c) R$ 270,00 de lucro

d) R$ 430,00 de prejuízo

e) R$ 700,00 de lucro

357) As operações com mercadorias realizadas durante o exercício estão resumidas no razonete abaixo:

MERCADORIA
S

SI - 40.000
           230.000 - V
C - 160.000

Convenções: SI = Saldo Inicial; C = Compras; V = Vendas

Sabendo-se que o estoque final é de R$ 30.000,00, CONCLUI-SE que o Resultado com Mercadorias (RCM) do exercício foi de:

a) Zero

b) R$ 30.000,00, positivo

c) R$ 30.000,00. Negativo

d) R$ 60.000,00, positivo

e) R$ 60.000,00, negativo

358) Na empresa "Casa das Tintas Ltda.", a conta mista MERCADORIAS apresentou, no balancete levantado em 31/12/82 para fins de apuração do resultado do exercício, um saldo devedor de R$ 820.000,00, no qual estavam computadas vendas no valor de R$ 2.900.000,00. O resultado bruto com mercadorias (RCM), sabendo-se que a avaliação do estoque final de mercadorias para revenda importou em R$ 280.000,00, foi um:

a) lucro de R$ 540.000,00

b) prejuízo de R$ 540.000,00

c) lucro de R$ 2.360.000,00

d) lucro de R$ 1.800.000,00

e) prejuízo de R$ 1.100.000,00

359) "Mercadorias", usada como conta mista por uma empresa, apresentou no balancete de verificação de final de exercício saldo credor de R$ 10.000,00. O inventário físico apontou estoque de R$ 2.000,00. Sabendo-se que a margem de lucro bruto (fixa) é de 30% sobre o valor das vendas, conclui-se que o valor das vendas no período foi de R$:

a) 10.000,00

b) 12.000,00

c) 24.000,00

d) 30.000,00

e) 40.000,00

360) (ESAF/TFC-1996) Uma empresa usa uma única conta para registrar estoques, entradas e saídas de mercadorias. No final do exercício de 1995, essa conta apresentava saldo devedor de 80.000,00. O resultado bruto com mercadorias no exercício foi de 140.000,00 (positivo). O estoque final de mercadorias em 31.12.95 era, portanto, de

a) 60.000,00

b) 80.000,00

c) 120.000,00

d) 140.000,00

e) 220.000,00

361) No sistema de inventário permanente, a conta de Mercadorias, cujo saldo representa o estoque atualizado das mercadorias existentes, é assim movimentada:

a) é debitada pelo valor das compras e creditada pelo valor das vendas

b) é debitada pelo valor do estoque inicial e das compras e creditada pelo valor de custo das mercadorias vendidas

c) é debitada pelo valor do estoque inicial e creditada pelo valor do estoque final de mercadorias e pelas vendas

d) é debitada pelo valor do estoque inicial e das compras e creditada pelo valor das vendas

e) é debitada pelo valor das compras e creditada pelo valor do estoque inicial de mercadorias

362) (PF/PERITO/1993) A Empresa Comercial Alfa Ltda. Adota o critério de inventário permanente. Num determinado dia ela comprou mercadoria à vista no valor de CR$ 200.000,00. A alíquota do ICMS era de 17%. Os lançamentos referentes a esta transação são:

A) Compras

a Caixa 200.000,00

ICMS a Recuperar

a ICMS 34.000,00

B) Diversos

a Caixa

Mercadorias (Estoques) 166.000,00

ICMS a Recuperar 34.000,00 200.000,00

C) Mercadorias (Estoques)

a Caixa 200.000,00

ICMS a Recuperar

a ICMS a Recolher 34.000,00

D) Mercadorias (Estoques)

a Diversos

a Caixa 166.000,00

a ICMS a Recolher 34.000,00 200.000,00

363) Selbach (RS), 07 de julho de 2001.

DIVERSOS

a FORNECEDORES

MERCADORIAS* 147.000,00

CONTA-CORRENTE DE ICMS 28.000,00 175.000,00

* Não se trata de conta mista, sendo as vendas registradas em conta própria

Analise o lançamento acima e assinale a opção que descreve o fato contábil correspondente, bem como o sistema de controle de inventário utilizado, corretamente.

a) Compra a prazo de mercadorias para revenda, por empresa que utiliza o sistema de inventário permanente, com incidência de 16% de ICMS na operação

b) Compra a prazo de mercadorias para revenda, por empresa que utiliza o sistema de inventário periódico, com incidência de 16% de ICMS na operação

c) Compra a prazo de mercadorias para revenda, por empresa que utiliza o sistema de inventário periódico, com incidência de 19,05% de ICMS na operação

d) Devolução de mercadorias adquiridas a prazo, por empresa que avalia o estoque pelo método PEPS, com incidência de 16% de ICMS na operação

e) Devolução de mercadorias adquiridas a prazo, por empresa que utiliza o método UEPS de avaliação de estoques, com incidência de 19,05% de ICMS na operação

364) (ANALISTACOMEX/ESAF/98) A Minha Empresa mantém em estoque 800 unidades de mercadorias avaliadas em R$ 10.000,00, sendo R$ 4.000,00 relativos à mercadoria tipo "A", que tem custo unitário de R$ 10,00 e R$ 6.000,00 correspondentes à mercadoria tipo "B", cujo custo unitário é de R$ 15,00. No último dia do exercício social o custo de mercado dessas mercadorias estava cotado a R$ 12,00, tanto para o tipo "A" como para o tipo "B".O Contador, cumprindo as determinações da Lei 6.404/76 e em obediência ao Princípio Contábil da Prudência, deve apresentar no balanço patrimonial

a)Mercadorias (-) Provisão para Ajuste de Estoque R$ 10.000,00(R$ 400,00)

b)Mercadorias(-) Provisão para Ajuste de Estoque R$ 10.000,00(R$ 1.200,00)

c)Mercadorias (-) Provisão para Ajuste de Estoque R$ 10.000,00(R$ 2.400,00)

d)Mercadorias R$ 9.600,00

e)Mercadorias R$ 8.800,00

365) (ESAF/TTN-97) Um comerciante adquiriu um lote de mercadorias por R$ 1.000,00, incidindo sobre a compra ICMS de 17%. Revendeu-o, em seguida, por R$ 1.200,00, estando também a venda sujeita a ICMS de 17%. Considerando, respectivamente, os sistemas de inventário periódico, de inventário permanente e de conta mista de Mercadorias, indique o valor pelo qual a conta Mercadorias foi creditada para registrar a operação de venda.

    a) R$ 1.200,00 - R$ 1.200,00 - R$ 1.200,00

    b) R$ 996,00 - R$ 996,00 - R$ 996,00

    c) R$ 996,00 - R$ 830,00 - R$ 996,00

    d) R$ Zero - R$ 830,00 - R$ 1.200,00

    e) R$ Zero - R$ Zero - R$ 1.200,00

366) (ANALISTACOMEX/ESAF/98) O Mercadinho Comercial Ltda. efetuou uma venda a prazo de mercadorias tributadas, fazendo o competente registro, inclusive do ICMS, mas, no mesmo exercício, recebeu parte dessa mercadoria em devolução. Sabendo-se que a empresa adota o sistema de inventário periódico mas não usa a conta Mercadorias como "conta mista", o Contador fez corretamente o registro da devolução como indicado abaixo:

a) Devolução de Vendas

a Clientes

b) Diversos

a Clientes

Devolução de Vendas

Contas Correntes - ICMS

c) Devolução de Vendas

a Clientes e

ICMS s/ Vendas

a Contas Correntes - ICMS

d) Clientes

a Diversos

a Devolução de Vendas

a Contas Correntes - ICMS

e) Devolução de Vendas

a Clientes e

Contas Correntes - ICMS

a ICMS s/ Vendas

367) (ESAF/TCU-1999) Utilizando corretamente os critérios técnicos e legais de avaliação patrimonial, a empresa que não mantiver sistema de custo integrado e coordenado com o restante da escrituração, o chamado "controle permanente", deverá avaliar o custo de seus estoques de bens de vendas utilizando uma das opções abaixo. Assinale-a.

a) Ao custo das primeiras entradas.

b) Ao custo das últimas entradas.

c) Ao preço de custo médio ponderado.

d) Ao preço de custo médio ponderado ou a PEPS, opcionalmente.

e) Ao preço de custo médio ponderado, ou a PEPS, ou a UEPS, opcionalmente.

368) (CESPE/AGENTE/PF/2000) Julgue os itens a seguir, relativos à compra de material de estoque para revenda por uma empresa que atue no ramo de comércio varejista.

1. A compra de diversos itens por um preço total de R$ 5.000,00, após um desconto de R$ 500,00 para pagamento à vista, altera o lucro da empresa, mesmo antes da revenda desses itens.

2. A compra de material de estoque por R$ 1.000,00, para pagamento a prazo, acarreta um débito em conta de estoques e um crédito em conta de passivo de fornecedores.

3. A compra de diversos itens de estoque, pelo preço total de R$ 10.000,00, com pagamento de R$ 1.000,00 no ato e R$ 9.000,00 a prazo, implica o registro de R$ 1.000,00 em conta redutora do lucro operacional, além dos demais registros.

4. A compra de itens no valor de R$ 20.000,00, com um custo adicional de frete de R$ 400,00, implica um registro de R$ 20.400,00 a débito de conta de estoques.

5. A compra de calçados para revenda, com emissão de nota fiscal pelo fornecedor no valor total de R$ 30.000,00, estando nele incluso um ICMS de R$ 3.000,00, acarreta um registro pelo comprador a crédito de estoques no valor de R$ 27.000,00.

369) (ESAF/AFTN-1989) A empresa Alfa Ltda., realizou as seguintes operações:

1) recebimento de aluguel do mês. Valor: R$ 4.000,00

2) compra de mercadorias a prazo, com entrada. Preço da compra: R$ 5.000,00; valor da entrada: 20% do preço

3) venda à vista de mercadorias. Preço de venda: R$ 4.000,00; valor do lucro: 30% do preço

4) compra a prazo de mercadorias. Preço da compra: R$ 5.000,00

5) venda de mercadorias a prazo com entrada. Preço da venda: R$ 3.000,00; valor da entrada: 20% do preço; valor do prejuízo: 10% do preço; e

6) pagamento de duplicatas com juros. Valor da dívida: R$ 4.000,00; valor dos juros: 10% da dívida.

Considerando exclusivamente estas seis operações e que as compras e vendas são isentas de impostos, podemos afirmar que, no fim do período, o saldo da conta Caixa e o estoque de mercadorias tem, respectivamente, os seguintes valores:

a) R$ 3.600,00 e R$ 3.900,00

b) R$ 3.200,00 e R$ 3.000,00

c) R$ 3.600,00 e R$ 4.500,00

d) R$ 3.600,00 e R$ 3.000,00

e) R$ 3.200,00 e R$ 3.900,00

370) A avaliação do Ativo tem o seguinte tratamento:

a) os estoques são avaliados pelo preço de mercado, exceto os de mercadorias fungíveis destinadas à venda

b) os direitos e títulos de crédito, pelo valor de mercado ou de aquisição, se este for maior

c) os direitos referentes a mercadorias, pelo valor de mercado ou de aquisição, se este for menor

d) os direitos que tiverem por objeto as mercadorias e matérias-primas, pelo custo de aquisição, ajustado ao valor de mercado, quando este for inferior

e) as matérias-primas serão avaliadas pelo preço de mercado

371) (AFTN/ESAF/96) Em 31.12.X1 a Cia PRA apresentava os seguintes dados relativos aos estoques finais de matéria-prima:

Matéria-PRIMA	QUANTIDADE	CUSTO TOTAL (EM $)	VALOR DE MERCADO (EM $)
A	1.000	2.000,	1.800,00
B	1.500	6.000,	7.500,00
C	2.000	8.000,	7.000,00

Com base nestes dados, o valor total do estoque de matéria-prima que deve ser evidenciado no Balanço Patrimonial é:

a) $ 14.800,00

b) $ 16.000,00

c) $ 16.500,00

d) $ 15.000,00

e) $ 15.800,00

372) (FISCAL/ICMS/MS-2000) A exatidão nos inventários é muito importante, podendo-se mesmo concluir que dela depende diretamente a precisão do Balanço Patrimonial e da Demonstração de Resultado do Exercício. Assinale a alternativa correta mais apropriada que justifique essa afirmação:

A) Quando o Inventário Final estiver superestimado, o Lucro Líquido será subestimado.

B) Quando o Inventário Final estiver subestimado, o Lucro Líquido será superestimado.

C) Quando o Inventário Inicial estiver subestimado, o Lucro Líquido será superestimado.

D) Quando o Inventário Inicial estiver subestimado, o Lucro Líquido será subestimado.

373) (ESAF/TTN-97) Na data de encerramento do exercício social, o estoque de mercadorias para revenda de uma empresa era de R$ 5.000,00, registrado pelo valor de aquisição. O seu valor de mercado era, entretanto, de R$ 4.500,00. No balanço patrimonial essas mercadorias devem ser registradas pelo valor de

a) R$ 5.000,00

b) R$ 4.750,00

c) R$ 4.500,00

d) R$ 4.500,00 ou R$ 5.000,00, facultativamente

e) R$ 5.000,00, deduzido de provisão de R$ 500,00

374) A Cia. Comercial, que é contribuinte do ICMS, mas não é do IPI, comprou a vista, para revender, 200 liqüidificadores ao preço unitário de R$ 300,00, com incidência de IPI à alíquota de 20% de ICMS à alíquota de 17%. Para registrar a operação, o Contador deverá fazer o seguinte lançamento:

a) Diversos

a Caixa

Mercadorias R$ 49.800,00

C/C de ICMS R$ 10.200,00 R$ 60.000,00

b) Diversos

a Caixa

Mercadorias R$ 37.800,00

C/C de IPI R$ 12.000,00

C/C de ICMS R$ 10.200,00 R$ 60.000,00

c) Diversos

a Caixa

Mercadorias R$ 60.000,00

C/C de IPI R$ 12.000,00 R$ 72.000,00

d) Diversos

a Caixa

Mercadorias R$ 72.000,00

C/C de ICMS R$ 10.200,00 R$ 82.200,00

e) Diversos

a Caixa

Mercadorias R$ 61.800,00

C/C de ICMS R$ 10.200,00 R$ 72.000,00

375) Uma empresa adquiriu um lote de mercadorias para revenda, a prazo, sendo extraída em seu nome nota fiscal com os seguintes dados:

100 unidades do produto A .

R$ 1.000,00................................. R$ 100.000,00

IPI 10%.. R$ 10.000,00

Total da Nota Fiscal...................... R$ 110.000,00

ICMS - 17% - R$ 17.000,00

Sabendo-se que a empresa compradora é contribuinte do ICMS, mas não é do IPI, sabe-se, também que deve registrar a compra através do seguinte lançamento:

a) Compras

a Fornecedores R$ 110.000,00

b) Diversos

a Fornecedores

Compras. R$ 83.000,00

Contas Correntes – ICMS R$ 17.000,00

Contas Correntes - IPI. R$ 10.000,00 R$ 110.000,00

c) Diversos

a Fornecedores

Compras.... R$ 100.000,00

Contas Correntes - IPI ... R$ 10.000,00 R$ 110.000,00

d) Diversos

a Fornecedores

Compras....... R$ 83.000,00

Contas Correntes - ICMS R$ 17.000,00 R$ 100.000,00

e) Diversos

a Fornecedores

Compras. R$ 93.000,00

C/C - ICMS R$ 17.000,00 R$ 110.000,00

376) A Cia. P, que se dedica exclusivamente à revenda (varejo) de mercadorias de fabricação nacional e adota o sistema de inventário permanente, adquiriu da Cia. Industrial Q um lote de mercadorias, assim especificadas na Nota Fiscal-Fatura nº 0001:

100 bolsas de couro, para senhoras, a R$ 40.000 cada uma 4.000.000

Despesas com transporte da mercadoria até o destino 20.000

Total 4.020.000

IPI - 10% 402.000

Total da Nota 4.422.000

ICMS - 15% (já incluído no preço) 603.000

O registro contábil dessa aquisição de mercadorias foi corretamente feito pela Cia. Comercial P, assim:

	R$	R$
a) Estoque de Mercadorias		
		4.422.000
a Fornecedores		
b) Estoque de Mercadorias		
	3.397.000	
Contas Correntes - ICMS		
	603.000	
Contas Correntes - IPI		4.422.000
	402.000	
Despesas de Frete		
	20.000	
a Fornecedores		
c) Compras de Mercadorias		
	3.819.000	
Contas Correntes - ICMS		4.422.000
	603.000	
a Fornecedores		
d) Estoque de Mercadorias		
	3.417.000	
Contas Correntes - ICMS		
	603.000	4.422.000
Contas Correntes - IPI		
	402.000	
a Fornecedores		

e) Estoque de Mercadorias
3.819.000

Contas Correntes - ICMS   4.422.000
603.000

a Fornecedores

377) Um lançamento feito corretamente a débito da conta ICMS A RECUPERAR pode registrar apropriação de ICMS incidente sobre mercadorias

a) vendidas a revendedor

b) recebidas em consignação

c) adquiridas para revenda

d) adquiridas para consumo

e) vendidas diretamente ao consumidor

378) A Companhia Alpha adquiriu matérias-primas para serem utilizadas na industrialização de seus produtos, cuja nota fiscal continha os seguintes dados:

Valor das matérias-primas R$ 1.000

IPI R$ 200

Valor total da nota fiscal R$ 1.200

ICMS destacado na nota fiscal R$ 170

Sabendo-se que o IPI e o ICMS são impostos recuperáveis para a empresa, assinale a alternativa que contém o valor que poderá ser computado no custo das referidas matérias-primas:

a) R$ 630

b) R$ 830

c) R$ 1.030

d) R$ 1.170

e) R$ 1.200

379) A "Casa dos Televisores Ltda.", que utiliza contas patrimoniais distintas para contabilizar o ICMS das compras e o ICMS das vendas, devolveu mercadorias adquiridas a prazo, para revenda, em razão de estarem fora das especificações do "Pedido de Compra".

O valor do ICMS incidente sobre a devolução foi, por ocasião do registro contábil do fato, creditado à conta:

a) "ICMS a recuperar"

b) "ICMS sobre vendas"

c) "ICMS a creditar"

d) "Clientes"

e) "Resultado do Exercício"

380) (ESAF/AFTN-1989) A Cia. Comercial, que é contribuinte do ICMS, mas não é do IPI, comprou à vista, para revender, 200 liqüidificadores ao preço unitário de R$ 300,00, com incidência de IPI à alíquota de 20% e de ICMS à alíquota de 17%. Para registrar a operação, o Contador deverá fazer o seguinte lançamento:

a) Diversos

a Caixa   R$ 49.800,00
                              R$ 60.000,00
Mercadorias R$ 10.200,00

C/C de ICMS

b) Diversos

a Caixa   R$ 37.800,00

Mercadorias R$ 12.000,00 R$ 60.000,00

C/C de IPI   R$ 10.200,00

C/C de ICMS

c) Diversos

a Caixa   R$ 60.000,00
                              R$ 72.000,00
Mercadorias R$ 12.000,00

C/C de IPI

d) Diversos

a Caixa   R$ 72.000,00

R$ 82.200,00

Mercadorias R$ 10.200,00

C/C de ICMS

e) Diversos

a Caixa   R$ 61.800,00

R$ 72.000,00

Mercadorias R$ 10.200,00

C/C de ICMS

381) (Unb-CESPE/STF-analista/99) A compra de calçados para revenda por uma empresa atacadista. Por R$ 20.000,00 (valor final da nota fiscal), com crédito de ICMS de R$ 2.400,00, deve dar entrada no seu estoque por meio de um

a) débito de RS 17.600,00.

b) débito de RS 20.000,00.

c) débito de RS 22.400,00.

d) crédito de R$ 17.600.00.

e) crédito de RS 22.40000.

382) (ANALISTACOMEX/ESAF/98) A Industrial & Cia. emitiu a seguinte nota fiscal de venda a prazo de um lote de produtos:

200 marretas de bater pneus, tamanho médio, a R$ 8,00, cada uma	R$ 1.600,00
Despesa com o transporte e seguro do produto até a loja do comprador	R$ 50,00
IPI (Imposto s/Produtos Industrializados)	R$ 165,00
Total da nota fiscal	R$ 1.815,00
ICMS (Já incluído no preço)	R$ 245,00

O comprador dessa mercadoria, a empresa Comercial Ltda., adota o sistema de inventário permanente e mandou fazer a contabilização dessa partida de compra através do seguinte lançamento contábil, que está correto:

a)
Estoque de Mercadorias
1.815,00
  a Fornecedores

b) Diversos

  a Fornecedores

  Estoque de Mercadorias 1.355,00

  Contas Correntes - ICMS 245,00

  Contas Correntes - IPI   165,00

  Despesa de Frete   50,00   1.815,00

c) Diversos

  a Fornecedores

  Estoque de Mercadorias 1.570,00

  Contas Correntes - ICMS 245,00   1.815,00

d) Diversos

  a Fornecedores

  Estoque de Mercadorias 1.405,00

  Contas Correntes - ICMS 245,00

  Contas Correntes - IPI   165,00   1.815,00

e) Diversos

  a Fornecedores

  Compra de Mercadorias 1.570,00

  Contas Correntes - ICMS 245,00   1.815,00

383) (ESAF/TCU-1999) Através da nota fiscal n.º 1.315, a firma Comercial Ltda. adquiriu quatro máquinas de calcular ao preço unitário de R$ 120,00, com incidência de IPI a 10% e ICMS a 12%. Pagou o total da nota com o cheque BB 125.874. A finalidade da compra foi uma máquina para uso da própria firma e três máquinas para revender. Na Contabilidade foi providenciado o lançamento contábil correto que está apresentado a seguir sem o respectivo histórico. Assinale-o.

Diversos

a Bancos c/Movimento

Móveis   e   Utensílios 120,00

Mercadorias 360,00 480,00

	Diversos
	a Bancos c/Movimento
b)	Móveis e Utensílios 120,00
	Mercadorias 316,80
	ICMS a Recuperar 43,20 480,00
	Diversos
	a Bancos c/Movimento
c)	Móveis e Utensílios 132,00
	Mercadorias 396,00 528,00
	Diversos
	a Bancos c/Movimento
d)	Móveis e Utensílios 117,60
	Mercadorias 352,80
	ICMS a Recuperar 57,60 528,00
	Diversos
e)	a Bancos c/Movimento
	Móveis e Utensílios 132,00

Mercadorias 352,80

ICMS a Recuperar 43,20 528,00

384) (ESAF/TCU-1999) A empresa comercial "Compras, Trocas & Vendas" resolveu encerrar definitivamente o seu estoque de chapéus de couro, que já não tinha fornecedor garantido, dispondo-se a vendê-lo sem nenhum lucro, ressarcindo-se, via preço, apenas do custo e do ICMS, que, certamente, teria de recolher na venda, à alíquota de 17%. Não havia ICMS anterior a ser recuperado. O custo do estoque em questão era de R$ 4.150,00. A tributação da venda para o ICMS era de 17%. Para não ganhar nem perder, a firma "Compras, Trocas & Vendas" teria de vender seu estoque pelo valor total de

a) R$ 3.444,50

b) R$ 4.150,00

c) R$ 4.855,50

d) R$ 5.000,00

e) R$ 5.850,00

385) (ESAF/TFC/SFC-1997) A conta ICMS a Recuperar registra crédito de ICMS do contribuinte do imposto. Para registrar esse crédito, debita-se a conta, em contrapartida com

a) Caixa, Bancos ou Duplicatas a Receber

b) ICMS a Recolher, Fornecedores ou Caixa

c) Impostos Incidentes sobre Vendas, Bancos ou Duplicatas a Pagar

d) Caixa, Bancos ou Fornecedores

e) Notas Fiscais a Faturar, Duplicatas a Pagar ou Fornecedores

386) (ESAF/SUSEP/2001) Em 25 de janeiro, a nossa empresa adquiriu a prazo, para revender, um lote de 500 itens industrializados, com tributação de ICMS a 12% e de IPI a 4%. O preço de venda praticado pela indústria vendedora e aceito por nós foi de R$ 30,00 a unidade. Na operação foram emitidas duplicatas, que aceitamos devidamente. A nossa Contabilidade é informatizada, utilizando um sistema que só admite lançamentos contábeis de primeira fórmula, de modo que, para contabilizar a operação acima citada, foram necessários os três lançamentos abaixo. Assinale a opção correta.

a) Mercadorias

a Duplicatas a Pagar

pelo preço de compra 15.000,00

ICMS a Recuperar

a Duplicatas a Pagar

pelo valor do ICMS s/ a compra 1.800,00

IPI a Recuperar

a Duplicatas a Pagar

pelo valor do IPI s/ a compra 600,00

b) Mercadorias

a Duplicatas a Pagar

pelo preço de compra 13.200,00

ICMS a Recuperar

a Mercadorias

pelo valor do ICMS s/ a compra 1.800,00

Mercadorias

a Duplicatas a Pagar

pelo valor do IPI s/ a compra 600,00

c) Mercadorias

a Duplicatas a Pagar

pelo preço de compra 13.200,00

Mercadorias

a ICMS a Recuperar

pelo valor do ICMS s/ a compra 1.800,00

Mercadorias

a IPI a Recolher

pelo valor do IPI s/ a compra 600,00

d) Mercadorias

a Duplicatas a Pagar

pelo preço de compra 15.000,00

ICMS a Recuperar

a Mercadorias

pelo valor do ICMS s/ a compra 1.800,00

Mercadorias

a Duplicatas a Pagar

pelo valor do IPI s/ a compra 600,00

e) Mercadorias

a Duplicatas a Pagar

pelo preço de compra 15.000,00

ICMS a Recuperar

a Mercadorias

pelo valor do ICMS s/ a compra 1.800,00

IPI a Recuperar

a Mercadorias

pelo valor do IPI s/ a compra 600,00

387) (FISCAL ICMS/MS-2000) Numa empresa comercial ou industrial, o ICMS (Imposto sobre Circulação de Mercadorias e Serviços) faz parte do custo do período?

A) Sim, quando for manufatura.

B) Não, pois é um imposto recuperável.

C) Somente quando se tratar de laticínios.

D) Somente para a indústria de autopeças.

388) (ESAF/TTN–1992/SP) O saldo da conta ICMS a recuperar representa

a) débito da empresa com o governo

b) crédito da empresa com clientes

c) crédito da empresa com fornecedores

d) crédito da empresa com o governo

e) débito da empresa com fornecedores

389) Na determinação da Receita Líquida de Vendas, os valores redutores da Receita Bruta de Vendas são:

a) ICMS, ISS, IPI, Vendas Canceladas do Exercício Anterior.

b) Vendas Canceladas, Descontos Incondicionais Concedidos e Abatimentos s/Vendas.

c) PIS-Receita Bruta, Cofins-Receita Bruta e ICMS s/ Vendas.

d) Comissões sobre Vendas e Fretes sobre Vendas.

e) As alternativas b e c estão correras.

390) Pelo livro de controle do ICMS, um comerciante apurou o valor de R$ 120,00 de ICMS devido pelas vendas efetuadas durante o exercício, e de R$ 90,00 de ICMS decorrente das compras efetuadas a seus fornecedores durante o mesmo exercício. Na Demonstração do Resultado do Exercício o contabilista fará constar:

a) R$ 120,00 como Dedução da Receita Bruta de Vendas

b) R$ 120,00 como Despesa Operacional

c) R$ 30,00 como Dedução da Receita Bruta de Vendas

d) R$ 30,00 como Despesa Operacional

e) R$ 90,00 como Custo das Mercadorias Vendidas e R$ 30,00 como Despesa Operacional

391) A empresa CLOK Ltda., com um Capital Social de R$ 120.000,00, um saldo de Caixa de R$ 100.000,00 e um Ativo Permanente de R$ 20.000,00, adquiriu mercadorias para revenda, de acordo com os seguintes dados obtidos da Nota Fiscal:

100 relógios a R$ 1.000,00 cada R$ 100.000,00

IPI (18%) R$ 18.000,00

Frete e embalagem R$ 2.000,00

TOTAL DA NOTA FISCAL R$ 120.000,00

ICMS incluso (15%) R$ 15.000,00

Esta compra foi paga 30% em dinheiro e o restante faturado para 90 dias da data.

Posteriormente, a empresa vendeu 80 relógios ao preço unitário de R$ 2.000,00, sendo 20% em dinheiro e o restante para pagamento no prazo de 75 dias; ICMS incidente sobre vendas foi de 15%. O saldo de ICMS a RECUPERAR foi transferido para ICMS a RECOLHER.

Com base nos dados acima, indique os saldos de CAIXA, DUPLICATAS A RECEBER e ESTOQUE DE MERCADORIA, respectivamente

a) R$ 96.000,00, R$ 128.000,00, R$ 21.000,00

b) R$ 64.000,00, R$ 128.000,00, R$ 105.000,00

c) R$ 96.000,00, R$ 160.000,00, R$ 24.000,00

d) R$ 64.000,00, R$ 128.000,00, R$ 21.000,00

e) R$ 48.000,00, R$ 128.000,00, R$ 20.000,00

392) (ESAF/AFTN-1994/setemb.) A empresa Delta devia à empresa Gama duplicatas no valor de R$ 100,00. Para liquidar a dívida devolveu a mercadoria comprada, acrescendo 6% de juros a serem pagos em 60 dias. O registro, de forma simplificada, na contabilidade de Gama é:

    a) Diversos

    a Diversos   100,00

    Mercadorias   6,00

    Juros a Receber   100,00

    a Duplicatas a Receber 6,00

    a Juros Ativos

    b) Mercadorias

                 100,00

    a Diversos

               6,00 106,00

    a Duplicatas a Pagar

a Juros a Pagar

c) Diversos

a Mercadorias 100,00

Duplicatas a Pagar 6,00 106,00

Juros a Pagar

d) Diversos

a Mercadorias 100,00

Duplicatas a Receber 6,00 106,00

Juros a Receber

e) Mercadorias

a Diversos 100,00

a Duplicatas a Receber 6,00 106,00

a Juros a Receber

393) (ESAF/AFTN-1989) Ao contabilizar a devolução de 100 unidades de um lote de 1000 camisas adquiridas de um fornecedor local, para revenda, a Cia. Comercial Camiseiro do Norte fez, em 23/08/89, um crédito de R$ 300,00 na conta "ICMS a Recolher".

Tendo sido de 10% (dez por cento) a alíquota do ICMS incidente na aquisição, o valor do débito inicial feito na conta "COMPRAS", com utilização de partida de 3ª. (terceira) fórmula, montou em:

a) R$ 30.000,00

b) R$ 27.000,00

c) R$ 27.300,00

d) R$ 2.700,00

e) R$ 3.000,00

394) (FISCAL ICMS/MS-2000) O Bazar Centauro Ltda. compra diversas mercadorias e as remete periodicamente aos seus representantes. O Inventário de Mercadorias deve abranger, como regra geral, todas as mercadorias de propriedade do Bazar, quer estejam em seu poder ou sob custódia de terceiros, excluídas, porém, as mercadorias de propriedade de terceiros que se encontrem em poder da empresa. Assinale, a seguir, a alternativa que melhor se ajuste ao controle do Estoque de Mercadorias:

A) A inclusão de mercadorias no Inventário do Bazar Centauro Ltda. deve basear-se, como regra geral, no critério de Propriedade.

B) A inclusão de mercadorias no Inventário do Bazar Centauro Ltda. deve basear-se, como regra geral, no critério de Preço pelo Valor Bruto de Remessa.

C) A inclusão de mercadorias no Inventário do Bazar Centauro Ltda. deve basear-se, como regra geral, no critério de Posse.

D) A inclusão de mercadorias no Inventário do Bazar Centauro Ltda. deve basear-se, como regra geral, no critério de Preço pelo Valor Líquido de Retorno.

395) (FISCAL ICMS/MS-2000) Sempre que um fabricante ou comerciante remeter mercadorias diversas que lhe pertencem a um representante para que seja processada a sua venda, essa transação é designada, regra geral, como:

A) Representação, e o representante é denominado consignante.

B) Demonstração, e o proprietário é denominado consignatário.

C) Consignação, e o representante é denominado consignatário.

D) Comercialização, e o representante é denominado consignante.

396) (FISCAL/ICMS/SC-1998) A Cia. Ômega, empresa comercial típica, negocia uma única mercadoria. Além dos registros contábeis, controla a movimentação de tal mercadoria através de uma ficha de controle físico-financeiro (uma "ficha de estoques") e adota o método do custo médio ponderado variável. No início de um período, as 15 unidades existentes em estoque estão registradas por $ 144,00 (as 15 unidades). No início de tal período, a conta ICMS a Recuperar apresenta um saldo devedor de $ 12,00. Durante tal período, ocorrem as seguintes únicas operações com a mercadoria:

Compra 1:30 unidades são adquiridas e registradas por $ 306,00 na "ficha de estoques" (a alíquota do ICMS nesta operação foi de 15%);

Venda 1: 12 unidades são vendidas por $ 18,00 cada uma (a alíquota do ICMS nesta operação foi de 15%);

Compra 2: 15 unidades são adquiridas e registradas por $ 249,00 na "ficha de estoques" (a alíquota do ICMS nesta operação foi de 17%);

Devolução: 5 unidades da Compra 2 são devolvidas pela Cia. Ômega ao fornecedor.

O valor do ICMS destacado na Nota Fiscal emitida pela Cia. Ômega para devolver as 5 unidades é de

    A) $ 14,25

    B) $ 4,00

    C) $ 17,00

    D) $ 9,00

    E) $ 11,67

397) No sistema de inventário periódico para controle de mercadorias, uma dentre as contas abaixo, deve ser encerrada no processo de apuração contábil do Custo das Mercadorias Vendidas. A referida conta é:

a) ICMS sobre Vendas

b) Vendas Canceladas

c) Devoluções de Compras

d) Descontos Financeiros Obtidos

e) Descontos Financeiros Concedidos

398) Calcule o CUSTO DAS MERCADORIAS VENDIDAS de uma empresa comercial, com base nos seguintes dados:

- compras 4.360.000,00

- valor do inventário final de mercadorias 600.000,00

- devolução de compras 120.000,00

- fretes sobre compras 90.000,00

- estoque inicial de mercadorias para revenda 380.000,00

- abatimento sobre compras 290.000,00

a) R$ 4.260.000,00

b) R$ 4.110.000,00

c) R$ 3.820.000,00

d) R$ 3.730.000,00

e) R$ 4.420.000,00

399) (ESAF/TTN-98) Ao encerrar o exercício social, a Cia. Comércio & Comércio constatou as seguintes apurações:

1- Receitas Brutas de Vendas do período: R$ 12.000,00

2- Impostos faturados sobre vendas (ICMS): 17%

3- Resultado Operacional Bruto: 30% do total das vendas

4- Estoque inicial de mercadorias: R$ 1.160,00

5- Valor das compras de mercadorias efetuadas no exercício (líquido de impostos): R$ 8.000,00

Com essas informações podemos afirmar que o estoque de mercadorias, apurado em inventário, no final do exercício, corresponde, em relação às compras, a

　　a) 09,5%

　　b) 24,5%

　　c) 50,0%

　　d) 35,5%

　　e) 35,0%

400) (FISCAL ICMS/MS-2000) A Companhia Perfeita Ltda. efetuou uma venda de mercadoria que possuía em estoque, à vista, no montante de R$ 100,00, concedendo um desconto de 10% (dez por cento) na nota fiscal. A mercadoria vendida havia custado R$ 50,00 para a Companhia Perfeita. Assinale a alternativa que melhor reflete os lançamentos contábeis dessa operação (CMV = Custo das Mercadorias Vendidas):

A) Débitos = CMV R$50,00 / Caixa R$90,00 / Descontos Concedidos R$10,00

Créditos = Vendas R$100,00 / Estoque de Mercadorias R$50,00

B) Débitos = CMV R$50,00 / Caixa R$90,00

Créditos = Vendas R$100,00 / Estoque de Mercadorias R$50,00 / Descontos Concedidos R$10,00

C) Débitos = Estoque de Mercadorias R$50,00 / Vendas R$100,00

Créditos = CMV R$50,00 / Caixa R$90,00 / Descontos Concedidos R$10,00

D) Débitos = CMV R$50,00 / Caixa R$100,00

Créditos = Vendas R$100,00 / Estoque de Mercadorias R$50,00

401) (FISCAL ICMS/MS-2000) O cálculo do Custo das Mercadorias Vendidas (CMV) é obtido, regra geral, mediante o emprego de uma das alternativas abaixo relacionadas. Assinale aquela que melhor reflete a equação do Custo das Mercadorias Vendidas:

A) Estoque inicial mais compras, menos deduções de compras, mais deduções de venda, mais estoque final.

B) Estoque inicial mais compras, menos deduções de compras, mais estoque final.

C) Estoque inicial menos compras, menos deduções de compras, menos estoque final.

D) Estoque inicial mais compras, menos deduções de compras, menos estoque final.

402) (FISCAL/ICMS/SC-1998) Na Cia. Excelsior, uma empresa industrial, seus exercícios sociais se encerram a cada 31 de dezembro. Ela apura lucro/prejuízo uma só vez em cada exercício social. Sobre o exercício social de 1994, sabe-se que

estoque inicial de produtos em elaboração $ 610

mão-de-obra direta empregada na fabricação em 1994 $ 6.900

compras de matérias primas durante 1994 $ 8.900

estoque final de produtos prontos $ 1.500

devoluções de compras de matérias primas durante 1994 $ 40

estoque final de matérias primas $ 140

custos indiretos de fabricação de 1994 $ 2.100

estoque final de produtos em elaboração $ 400

estoque inicial de matérias primas $ 110

estoque inicial de produtos prontos $ 1.120

O "Custo dos Produtos Prontos" (= "Custo da Produção Acabada") de 1994 e o "Custo dos Produtos Vendidos" de 1994 foram de, respectivamente,

A) $ 17.660 e $ 18.040.

B) $ 17.620 e $ 18.000.

C) $ 18.040 e $ 17.660.

D) $ 17.620 e $ 17.240.

E) $ 18.040 e $ 18.420.

403) (ESAF/TFC-SFC/97) A conta ICMS a Recuperar registra crédito de ICMS do contribuinte do imposto. Para registrar esse crédito, debita-se a conta, em contrapartida com

a) Caixa, Bancos ou Duplicatas a Receber

b) ICMS a Recolher, Fornecedores ou Caixa

c) Impostos Incidentes sobre Vendas, Bancos ou Duplicatas a Pagar

d) Caixa, Bancos ou Fornecedores

e) Notas Fiscais a Faturar, Duplicatas a Pagar ou Fornecedores

404) (ESAF/TFC-SFC/97) Um comerciante, contribuinte do ICMS e não-contribuinte do IPI, adquiriu um lote de mercadorias ao custo de 10,00 por unidade (valor constante da nota fiscal). Sobre essa mercadoria incidiram IPI (10%) e ICMS (17%). A incidência do ICMS na venda é também de 17%. Para obter lucro líquido de 23% sobre o valor de venda, o comerciante deve revender essa mercadoria ao preço unitário de

a) 12,00

b) 12,50

c) 13,20

d) 13,75

e) 15,50

Legendas:

IPI: Imposto sobre Produtos Industrializados

ICMS: Imposto sobre Circulação de Mercadorias e sobre Prestações de Serviços

405) Deduzindo da Receita Bruta das Vendas os impostos incidentes sobre as vendas, os abatimentos concedidos incondicionalmente e as vendas canceladas, obtém-se:

a) o lucro operacional bruto

b) o lucro bruto

c) o lucro operacional líquido

d) a receita líquida das vendas

e) o resultado líquido em vendas

406) O § 1º. do art. 187 da Lei nº 6.404/76 estabelece que:

"§ 1º. - Na determinação do resultado do exercício serão computados:

a) as receitas e os rendimentos ganhos no período, independentemente da sua realização em moeda; e

b) os custos, despesas, encargos e perdas, pagos ou incorridos, correspondentes a essas receitas e rendimentos."

Esse dispositivo legal consagra o princípio fundamental da Contabilidade, aprovado pelo Conselho Federal de Contabilidade, denominado

a) competência

b) periodicidade

c) oportunidade

d) continuidade

e) uniformidade

407) Com base nos dados a seguir, levantados da escrituração contábil de uma empresa, assinale a alternativa que contém o valor do Resultado com Mercadorias (lucro bruto).

Compras (sem ICMS)	9.388,00
Custo de Bens do Ativo Vendidos	380,00
Despesas Administrativas	3.144,00
Despesas com Vendas	786,00
Despesas Tributárias	68,00
Devolução de Compras (sem ICMS)	300,00
Devolução de Vendas	368,00
Estoque Final (inclusive fretes)	968,00
Estoque Inicial	774,00
Fretes sobre Compras	106,00
ICMS sobre Vendas	4.054,00
Receita Bruta de Vendas	26.200,00
Receita de Venda de Bens do Ativo	400,00

a) R$ 13.252,00

b) R$ 13.146,00

c) R$ 12.952,00

d) R$ 12.778,00

e) R$ 12.564,00

408) Assinale a opção em que todas as contas citadas devem ser deduzidas da Receita Bruta de Vendas, para fins de determinação da Receita Líquida.

a) "ABATIMENTO SOBRE VENDAS", "DESCONTOS COMERCIAIS" e "FRETES SOBRE VENDAS

b) "ICMS SOBRE VENDAS", "DEVOLUÇÕES DE COMPRAS" e "DESCONTOS FINANCEIROS"

c) "DESCONTOS INCONDICIONAIS SOBRE VENDAS", "PIS SOBRE FATURAMENTO" e "FINSOCIAL SOBRE A RECEITA BRUTA"

d) "DESCONTOS INCONDICIONAIS", "ICMS SOBRE VENDAS" e "FRETES SOBRE VENDAS"

e) "DEVOLUÇÕES DE VENDAS", "PIS SOBRE FATURAMENTO" e "ICMS A RECUPERAR"

409) (ESAF/AFTN-1989) A Cia. Comercial Sagitário adquiriu para revenda, em 08/11/88, em primeira negociação, 20 (vinte) máquinas de calcular ATLAS, sendo:

Preço Unitário: R$ 100,00

Condições de pagamento: 50% em 08/12/88 e o restante em 09/01/89.

Alíquota de ICMS: 10% (dez por cento)

No período entre a data de recebimento da referida mercadoria e 31/12/88 fez às seguintes operações:

I - vendeu 10 (dez) unidades ao preço unitário de R$ 120,00;

II - devolveu 2 (duas) unidades em 31/12/88, por defeito de fabricação, sendo a nota de débito correspondente acatada pelo FORNECEDOR em 20/12/88;

III - pagou no vencimento, sem qualquer abatimento, a primeira duplicata (50% do valor da compra);

IV - transferiu para uso próprio em 31/12/88, Departamento de Contabilidade, uma unidade.

Em decorrência, o valor do ESTOQUE FINAL dessa mercadoria, no Balanço patrimonial de 31/12/88, importou em:

    a) R$ 600,00

    b) R$ 720,00

    c) R$ 810,00

    d) R$ 700,00

    e) R$ 630,00

410) (ANALISTACOMEX/ESAF/98) Observe os seguintes itens de resultado da firma Específica S/A:

Receita Bruta de Vendas	R$ 2.500,00
Vendas canceladas no exercício anterior	R$ 50,00
PIS sobre o Faturamento	R$ 19,00
Descontos financeiros concedidos	R$ 50,00
Comissões sobre vendas	R$ 125,00
Cofins s/Vendas	R$ 12,50
IPI sobre o faturamento	R$ 250,00
Devolução de Vendas	R$ 250,00
Contas Correntes - ICMS	R$ 425,00
Custo das Mercadorias Vendidas	R$ 750,00
Fretes sobre Vendas	R$ 100,00
ICMS sobre Vendas	R$ 382,50

Com base na relação dada acima, assinale a opção que contém a Receita Líquida de Vendas.

a) R$ 1.536,00

b) R$ 1.641,00

c) R$ 1.786,00

d) R$ 1.836,00

e) R$ 1.986,00

411) (ESAF/TFC-SFC/97) Uma empresa efetuou a venda de um lote de mercadorias, a prazo, pelo valor de 10.000,00. Sobre a venda incidiu ICMS de 17%. A mercadoria foi devolvida pelo comprador, havendo, portanto, o cancelamento da venda.

O cancelamento foi registrado contabilmente pela empresa vendedora, que usou corretamente o seguinte lançamento:

Contas	Débito	Crédito
a) Vendas Canceladas	8.300	
Notas Fiscais a Faturar		8.300
b) Vendas Canceladas	10.000	
Notas Fiscais a Faturar		10.000
c) Vendas Canceladas		10.000
ICMS a Recolher		1.700
Notas Fiscais a Faturar		10.000
Impostos Incidentes s/ Vendas		1.700
d) Vendas Canceladas	8.300	
ICMS a Recolher	1.700	
Notas Fiscais a Faturar		10.000
e) Vendas Canceladas	8.300	
Impostos Incid. s/ Vendas	1.700	
Notas Fiscais a Faturar		8.300
ICMS a Recolher		1.700

412) (PF/PERITO/1993) O balancete da empresa ABC S/A, no final do ano, época em que iria ser levantado o seu balanço, apresentou, dentre outras, as seguintes contas e respectivos saldos:

Compras 50.000,00

Vendas 80.000,00

Estoque inicial 5.000,00

Abatimentos s/ vendas 2.000,00

Abatimentos s/ compras 4.000,00

Devolução de compras 5.000,00

ICMS 9.500,00

IPI 4.200,00

Despesas c/ Juros 8.000,00

Despesas c/ Salários 9.500,00

Receitas de Descontos 1.200,00

Observação: o inventário de mercadorias, na mesma época, somou CR$ 12.700,00.

Analisando as contas acima, pode-se concluir que a Receita Líquida de Vendas e o Custo das Mercadorias Vendidas apresentaram, respectivamente, os seguintes valores:

(A) CR$ 66.300,00 e CR$ 42.300,00.

(B) CR$ 66.300,00 e CR$ 33.000,00.

(C) CR$ 64.300,00 e CR$ 42.300,00.

(D) CR$ 64.300,00 e CR$ 33.300,00.

413) (FISCAL ICMS/MS-2000) Assinale, dentre as alternativas abaixo, o registro contábil que melhor reflete a transação proposta:

A) No dia 1º de dezembro de 19X1 a Companhia ABC comprou mercadorias, à vista, no montante de R$650,00: Débito = Caixa R$650,00 / Crédito = Compras R$650,00.

B) No dia 2 de dezembro de 19X1 a Companhia ABC vendeu mercadorias, a prazo, no montante de R$800,00. Houve um desconto comercial nesta venda, proporcional à quantidade vendida. O valor normal da venda seria de R$860,00.(Desconsidere o lançamento referente ao desconto): Débito = Clientes R$800,00 / Crédito = Vendas R$800,00

C) No dia 5 de dezembro de 19X1 houve uma devolução parcial das vendas efetuadas no dia 2 de dezembro, no montante de R$120,00: Débito = Clientes R$120,00 / Crédito = Devolução de Vendas R$120,00.

D) No dia 6 de dezembro de 19X1 a Companhia ABC comprou mais mercadorias, a prazo, no montante de R$800,00: Débito = Fornecedores R$800,00 / Crédito = Compras R$800,00

414) (FISCAL/ICMS/SC-1998) A Cia. Xis, empresa comercial típica, negocia uma única mercadoria. Além dos registros contábeis, controla a movimentação de tal mercadoria através de uma ficha de controle físico-financeiro (uma "ficha de estoques") e adota o método PEPS ("primeiro a entrar, primeiro a sair"). No início de um período, as 10 unidades existentes em estoque estão registradas por $ 122,00 (as 10 unidades). No início de tal período, a conta ICMS a Recuperar apresenta um saldo devedor de $ 22,10. Durante tal período, ocorrem as seguintes únicas operações com a mercadoria:

Compra 1: 8 unidades são adquiridas por $ 13,00 cada uma (a alíquota do ICMS contido na Nota Fiscal é de 17%);

Venda 1: 11 unidades são vendidas por $ 21,00 cada uma (a alíquota do ICMS nesta operação foi de 17%);

Venda 2: 5 unidades são vendidas por $ 23,00 cada uma (a alíquota do ICMS nesta operação foi de 17%);

Devolução: 3 unidades contidas na Venda 2 são devolvidas pela empresa comercial que adquiriu da Cia. Xis.

O valor do ICMS que a Cia. Xis deverá registrar em decorrência de ter recebido as 3 unidades em devolução é de

    A) $ 10,71.

    B) $ 6,63.

    C) $ 11,03.

    D) $ 19,04.

    E) $ 11,73.

415) Foram feitas as seguintes aquisições do produto A.

01.04.96 - 20 unidades a R$ 15,00 cada uma

15.04.96 - 25 unidades a R$ 12,00 cada uma

15.05.96 - 25 unidades a R$ 10,00 cada uma

31.05.96 - 30 unidades a R$ 10,00 cada uma

Sabendo-se que:

1. não existia estoque inicial;

2. em 20.05.96, foram vendidas 60 unidades ao preço de R$ 20,00 cada uma;

3. foi desconsiderado o destaque de ICMS;

4. os cálculos são feitos com duas casas decimais;

5. o estoque é avaliado pelo método PEPS;

pode-se afirmar que o Resultado com Mercadorias (RCM) é de:

a) R$ 1.200,00

b) R$ 728,57

c) R$ 471,43

d) R$ 450,00

e) R$ 400,00

416) Na escrituração da Comercial Santos Ltda., relativa ao exercício social findo em 31/12/89, foram obtidas as seguintes informações:

CONTAS	SALDO (R$)
Resultado bruto com mercadorias (lucro)	3.620.000,00
ICMS sobre vendas	2.037.280,00
Pis sobre faturamento	95.497,50
Finsocial sobre a receita bruta	63.665,00
Vendas canceladas	203.000,00
Abatimentos sobre vendas	64.000,00
Descontos financeiros	340.000,00
Fretes sobre vendas	840.837,50
Estoque final de mercadorias para revenda	2.156.000,00
Custo das mercadorias vendidas	6.649.557,50

Verifique quais as contas, entre as relacionadas, que são computadas na apuração do RESULTADO BRUTO (Resultado com Mercadorias) e assinale a alternativa que contém o valor bruto das vendas.

a) R$ 13.573.837,50

b) R$ 13.073.000,00

c) R$ 12.669.335,00

d) R$ 11.892.162,50

e) R$ 12.733.000,00

417) A Cia. Comercial Sagitário adquiriu para revenda, em 08/11/88, em primeira negociação, 20 (vinte) máquinas de calcular ATLAS, sendo:

Preço Unitário: R$ 100,00

Condições de Pagamento: 50% em 08/12/88 e o restante em 09/01/89.

Alíquota do ICMS: 10%

No período entre a data do recebimento da referida mercadoria e 31/12/88 fez as seguintes operações:

I - vendeu 10 unidades ao preço unitário de R$ 120,00;

II - devolveu 2 unidades em 11/12/88, por defeito de fabricação, sendo a nota de débito correspondente acatada pelo FORNECEDOR em 20/12/88;

III - pagou no vencimento, sem qualquer abatimento, a primeira duplicata (50% do valor da compra);

IV - transferiu para uso próprio em 31/12/88, Departamento de Contabilidade, uma unidade.

Em decorrência, o valor do ESTOQUE FINAL dessa mercadoria, no Balanço Patrimonial de 31/12/88, importou em:

a) R$ 600,00

b) R$ 720,00

c) R$ 810,00

d) R$ 700,00

e) R$ 630,00

418) Numa situação de economia inflacionária, uma empresa que utilizou o critério de avaliação de estoques denominado de PEPS no início e o UEPS no encerramento do exercício social, se não fizer os ajustes necessários, provocará:

a) aumento do CMV (Custo das Mercadorias Vendidas)

b) aumento do valor do estoque final de mercadorias

c) aumento do RCM (Resultado com Mercadorias)

d) redução do valor do estoque inicial de mercadorias

e) redução do valor das vendas efetuadas durante o exercício social

419) (ESAF-CVM/2001) Após realizar a primeira operação de venda do exercício na qual obteve Receita Bruta de Vendas de R$ 1.000,00, com um CMV (Custo das Mercadorias Vendidas) de R$ 600,00, a empresa Arfe Ltda. aceitou devolução parcial das mercadorias vendidas, cujo valor de R$ 200,00 foi creditado ao cliente. As mercadorias recebidas foram devolvidas ao fornecedor, que foi debitado pelo valor de R$ 100,00.

Considerando que essa mercadoria estava isenta de impostos, podemos dizer que a operação rendeu à Arfe um lucro bruto de

a) R$ 80,00

b) R$ 100,00

c) R$ 200,00

d) R$ 300,00

e) R$ 320,00

420) (ESAF/AFTN-1994/set) Indique o lucro bruto sobre vendas, considerando que:

- o saldo inicial da conta Mercadorias para Revenda era de R$ 200,00;

no período foram feitas aquisições de mercadorias, sujeitas a ICMS de 20%, no montante de R$ 800,00;

- o inventário, ao final do período, registrou o valor de R$ 160,00, já excluído o ICMS;

- o montante das vendas foi equivalente a 200% do custo das mercadorias vendidas;

- os impostos incidentes sobre as vendas eqüivalem a 20%

    a) R$ 1.360,00

    b) R$ 504,00

    c) R$ 408,00

    d) R$ 952,00

e) R$ 840,00

421) (ESAF/AFTN-1989) A empresa S/A Modelo de Indústria emitiu a NF nº. 1.234 para vender à Cia. Comercial de Varejo 400 bandejas inox, modelo 2, ao preço unitário de R$ 50,00, com IPI de 10% e ICMS de 17%.

A empresa Cia. Comercial de Varejo emitiu a NF nº. 0172 para vender ao Sr. José Maria 40 das bandejas compradas da S/A Modelo de Indústria. Obteve um preço de R$ 100,00 por unidade, com ICMS de 17%.

Baseados apenas nas informações constantes das notas fiscais acima, podemos afirmar com certeza que a Cia. Comercial de Varejo obteve um Lucro Operacional Bruto de:

   a) R$ 2.000,00

   b) R$ 1.660,00

   c) R$ 1.460,00

   d) R$ 1.120,00

   e) R$ 2.140,00

422) (FISCAL/ICMS–MS/2000) A Indústria de Calçados Phoenix Ltda. concede um desconto financeiro de 3% (três por cento) para os clientes que anteciparem o pagamento de seus títulos do dia 30 de janeiro de 2000, para o dia 25 do mesmo mês e ano. Caso algum cliente decida aproveitar o desconto concedido pagando adiantadamente dentro do prazo estipulado, indique qual é o melhor procedimento contábil a ser considerado pela Indústria de Calçados Phoenix Ltda.:

A) Proceder a uma redução do valor da venda, proporcional ao desconto concedido.

B) Tratar o desconto concedido como Despesas Financeiras.

C) Tratar o desconto concedido como Despesas de Vendas.

D) Tratar o desconto concedido como Descontos Comerciais.

423) (MEMÓRIA/1999-SP) Durante o inventário físico, se houver subavaliação de estoques ao final de determinado exercício, este fato :

A) Reduz o lucro bruto do exercício findo e aumenta o lucro do exercício seguinte

B) Reduz o lucro bruto do exercício findo, mas não afeta o resultado do exercício seguinte

C) Aumenta o lucro bruto do exercício findo e do exercício seguinte

D) Aumenta o lucro bruto do exercício findo e reduz o do exercício seguinte

E) n.d.a.

424) (AGERS/RS/98) O saldo da conta Clientes, em 30.08.X1, antes das operações abaixo, era de R$ 7.234,00.

Compras = 150

Vendas à vista = 290

Desconto da Duplicata com as seguintes características: Valor = R$ 230,00

Emissão = 25.08.X1

Vencimento = 30.09.X1

Reembolso de duplicata em cobrança = R$ 230,00

Qual o novo saldo, em R$, da conta Clientes, após a operação?

a) 7.004

b) 6.774

c) 7.104

d) 6.824

e) 6.594

425) (ESAF/TTN-1994/vespertino) - O Razão da conta Mercadorias, contabilizado no método conta mista, apresentava Cr$ 450.000,00 na coluna Débito e Cr$ 325.000,00 na coluna Crédito. Sabendo-se que o valor das mercadorias existentes no final do período é de Cr$ 235.000,00, é correto afirmar que o lucro obtido nas vendas foi de

a) Cr$ 110.000,00

b) Cr$ 125.000,00

c) Cr$ 360.000,00

d) Cr$ 235.000,00

e) Cr$ 215.000,00

426) (AFPS/CESPE-Unb/2001)A venda a prazo de uma mercadoria estocada deve ser lançada a débito de contas a receber. Em contrapartida, deve ser lançado um crédito em estoque, no valor correspondente ao custo da mercadoria vendida, e um crédito em receita de venda, pelo valor do resultado da transação, que é igual ao preço de venda menos custo da mercadoria vendida, inclusive nocaso de esse resultado ser negativo.

427) (ANALISTACOMEX/ESAF/98) A Empresariado S/A tem atividade exclusivamente comercial. No mês de maio realizou uma compra de bens para revender, desembolsando a quantia de R$ 4.800,00, sendo R$ 4.000,00 referente ao preço, com ICMS incluso, e R$ 800,00 referente ao IPI adicionado ao preço. No fim do mês a mesma empresa vendeu, a prazo, um quarto das mercadorias compradas logrando um faturamento total de R$ 2.000,00.

No mês considerado vigora, a seguinte tabela de impostos e contribuições:

IPI = 20%; ICMS = 17%; ISS = 12%; Cofins = 2%; e PIS - faturamento = 0,5%.

Na operação realizada, essa empresa conseguiu auferir um lucro bruto de

a) R$ 970,00

b) R$ 680,00

c) R$ 630,00

d) R$ 590,00

e) R$ 580,00

428) (AFTN/ESAF/98) Determinada empresa industrial vendeu 2.000 unidades de um produto, ao preço unitário de R$ 120,00, com frete de R$ 3.000,00 por conta do vendedor. O vendedor concedeu, na nota fiscal, um desconto de R$ 2.500,00 e, ainda, um desconto de R$ 2.000,00 no pagamento da duplicata, vencível a 30 dias.

Sabendo-se que:

- o custo dos Produtos Vendidos é de R$ 120.000,00;

- foram pagas:

outras despesas com vendas de R$ 2.600,00;

salários de vendedores de R$ 3.500,00;

- a transação estava sujeita a:

Imposto sobre a Circulação de Mercadorias e Serviços de R$ 2.400,00;

Imposto sobre Produtos Industrializados de R$ 2.100,00;

Programa de Integração Social (PIS) – faturamento de R$ 500,00;

Contribuição Social sobre o Faturamento (COFINS) de R$ 1.000,00

podemos afirmar que a receita líquida de vendas do produto é de

a) R$ 231.500,00

b) R$ 229.500,00

c) R$ 228.600,00

d) R$ 233.600,00

e) R$ 231.600,00

429) (FISCAL/ICMS–MS/2000) A Millennium Ltda. apresentou o seguinte movimento de mercadorias:

Estoque final R$ 140,00

Devoluções sobre vendas. R$ 10,00

Devoluções sobre compras. R$ 20,00

Estoque inicial R$ 120,00

Vendas Brutas R$ 160,00

Compras Brutas R$ 150,00

Nota: A Millennium utiliza o sistema de inventário periódico.

Assinale a alternativa que melhor expresse o Lucro ou Prejuízo Bruto sobre Vendas da empresa:

a)R$ 30,00

b)R$ 40,00

c)R$ 20,00

d)R$ 40,00)

430) (ESAF/FISCAL-FORTALEZA/98) A subavaliação de estoques no final do exercício

   a) reduz o lucro bruto do exercício findo e do exercício seguinte

   b) reduz o lucro bruto do exercício findo, mas não afeta o resultado do exercício seguinte

   c) aumenta o lucro bruto do exercício findo e do exercício seguinte

   d) aumenta o lucro bruto do exercício findo e reduz o do exercício seguinte

   e) reduz o lucro bruto do exercício findo e aumenta o do exercício seguinte

431) (ESAF/TFC-SFC/97) No encerramento do exercício social, as contas que registram operações com mercadorias se apresentavam com os seguintes saldos:

Mercadorias	3.000,00
Compras	25.000,00
Fretes e Carretos s/ Compras	2.000,00
Vendas	33.000,00
Vendas Canceladas	4.000,00
Impostos Incidentes s/ Vendas	5.000,00
Resultado com Mercadorias	?

Estoque final de mercadorias, conforme inventário físico 6.000,00

Feitas as apurações devidas, verifica-se que o ponto de interrogação deve ser corretamente substituído pelo valor de

   a) Zero

   b) 2.000,00

   c) 4.000,00

d) 5.000,00

e) 9.000,00

432) (TRT-4ª/ANAL.JUD.-2001) O lucro bruto do período, em R$ (milhões), considerando as mercadorias inventariadas de 70 e os seguintes saldos de contas apresentados no fim de um período de apuração é:

Mercadorias Estoque 40

Compras 1 460

Vendas 2 000

Impostos sobre Vendas 140

Descontos Financeiros em Pagamentos 40

(A) 290

(B) 360

(C) 390

(D) 430

(E) 460

433) (ESAF/AFC/SFC-1997) Considere os seguintes dados:

Compras de Mercadorias	800
Correção Monetária do Balanço	120
Despesas Operacionais	360
Devoluções de Compras	80
Devoluções de Vendas	100
Estoque final de Mercadorias	200
Lucro na alienação de bens do Ativo Imobilizado	40
Lucro Bruto na Venda de Mercadorias	1.000

Receita de Venda de Mercadorias   2.000

Levando-se em conta os dados acima e considerando-se que os impostos incidentes sobre compras e vendas são de 20%, podemos afirmar que o estoque inicial da conta de Mercadorias para Revenda era de

a) 144

b) 320

c) 400

d) 480

e) 560

434) (AGERS/RS/98) Considere os dados relativos a mercadorias.

Compras do período 80

Vendas do período 140

Estoque inicial 4

Estoque final 2

Devolução de compras 2

Devolução de vendas 5

A partir desses dados, desconsiderando efeitos tributários, pode-se afirmar que, no período, o total de mercadorias disponíveis para venda, o custo das mercadorias vendidas e o resultado das vendas foram, respectivamente:

a) 82, 96 e 59

b) 84, 78 e 62

c) 82, 80 e 55

d) 78, 71 e 67

e) 135, 80 e 55

435) (ESAF/TTN-1994/matutino) Dados extraídos da ficha de estoque dos televisores ALFA X- 130, para apuração, na empresa Comercial Telealfa 5/A, do resultado do período de 02/01/X2 a 31/12/X2:

- Total das entradas (contém o estoque inicial)

Quantidade: 540 Valor: Cr$ 50.600.000,00

- Total das saídas (contém as devoluções de vendas)

Quantidade: 480 Valor: Cr$ 44.950.000,00

Saldo

Quantidade: 60 Valor: Cr$ 5.650.000,00

Outras informações daquele período sobre operações relacionadas com a referida mercadoria:

Cr$

- Vendas brutas 100.000.000.00

- Devoluções de vendas 4.000.000.00

Descontos concedidos por recebimento antecipado

de vendas a prazo 1.600.000,00

- ICMS sobre vendas 25.000.000,00

- Outros tributos s/vendas 2.500.000,00

- Valor do estoque inicial 2.000.000,00

Assinale, com base nos elementos fornecidos, a opção que indica o Lucro Bruto obtido com a venda dos citados televisores.

a) Cr$ 21.950.000.00

b) Cr$ 11.150.000,00

c) Cr$ 21.550.000,00

d) Cr$ 23.550.000,00

e) Cr$ 17.900.000,00

436) (AFC/SFC-1996) Em uma determinada empresa, em seu primeiro ano de funcionamento, ocorreram os seguintes fatos, em R$

Compras de mercadorias para revenda 350,00

Custo das mercadorias vendidas 200,00

Devoluções de compras 50,00

Vendas brutas 400,00

Considerando-se que:

- foram devolvidas mercadorias vendidas, no valor de R$ 100,00;

- os impostos incidentes sobre as compras e as vendas eqüivalem a 20% da transação;

- inexistia saldo inicial na conta de Mercadorias para Revenda;

- as despesas operacionais montaram a R$ 40,00;

- foi obtido lucro de R$ 10,00 na alienação de bens do ativo imobilizado;

- as bases de cálculo da contribuição social sobre o lucro e do imposto de renda são negativas,

podemos afirmar que os saldos das contas de Mercadorias para Revenda e de Resultado do Exercício são, respectivamente, de:

a) R$ 40,00 e ZERO

b) R$ 40,00 e R$ 10,00

c) R$ 100,00 e R$ 40,00

d) R$ 100,00 e R$ 60.00

e) R$ 200,00 e R$ 160.00

437) (ESAF/TTN-1994/vespertino) – O Lucro Bruto na empresa comercial é contabilizado como RCM – Resultado Com Mercadorias. A equação base para encontrar o RCM é a seguinte:

a) RCM = Vendas – Estoque Inicial – Compras + Estoque Final

b) RCM = Vendas - Estoques

c) RCM = Vendas – Estoques + Compras

d) RCM = Estoques Inicial + Compras – Estoque Final

e) RCM = Vendas – Estoques Inicial + Compras – Estoque Final

438) (ESAF/CVM/PLANEJAMENTO-2001) Após realizar a primeira operação de venda do exercício na qual obteve Receita Bruta de Vendas de R$ 1.000,00, com um CMV (Custo das Mercadorias Vendidas) de R$ 600,00, a empresa Arfe Ltda. aceitou devolução parcial das mercadorias vendidas, cujo valor de R$ 200,00 foi creditado ao cliente. As mercadorias recebidas foram devolvidas ao fornecedor, que foi debitado pelo valor de R$ 100,00.

Considerando que essa mercadoria estava isenta de impostos, podemos dizer que a operação rendeu á Arfe um lucro bruto de

a) R$ 80,00

b) R$ 100,00

c) R$ 200,00

d) R$ 300,00

e) R$ 320,00

439) (ESAF/TFC-1996) O resultado com mercadorias de uma empresa foi positivo nos exercícios de 1994 e 1995. No final do exercício de 1994, ela procedeu a uma subavaliação de estoques. O procedimento:

a) diminuiu o lucro de 1994 e aumentou o de 1995

b) não teve repercussão no resultado dos exercícios de 1994 e 1995

c) aumentou o lucro de 1994 e diminuiu o de 1995

d) diminuiu os lucros de 1994 e 1995

e) diminuiu o lucro de 1994 e não teve repercussão no resultado de l995

440) (ESAF/AFTN-1989) Observe a seguinte operação, isenta de impostos:

Vendas de mercadorias a prazo com entrada e prejuízo:

preço de venda R$ 6.000,00

entrada 20% do preço

prejuízo 30% do preço

A empresa realizou a venda, para registrá-la, deixando certo o saldo da conta Mercadorias, deverá lançar débitos e créditos como segue:

a) Débito de Caixa   R$ 1.200,00

Débito de Clientes   R$ 4.800,00

Débito de RCM   R$ 1.800,00

Crédito de Mercadorias R$ 7.800,00

b) Débito de Caixa   R$ 1.200,00

Débito de Clientes   R$ 4.800,00

Débito de Mercadorias   R$ 4.200,00

Crédito de RCM   R$ 1.800,00

c) Débito de Caixa   R$ 1.200,00

Débito de Clientes   R$ 4.800,00

Créditos de Mercadorias R$ 6.000,00

d) Débito de Caixa   R$ 1.200,00

Débito de Mercadorias   R$ 4.800,00

Crédito de RCM   R$ 1.800,00

Crédito de Clientes   R$ 4.200,00

e) Débito de Caixa   R$ 1.200,00

Débito de Clientes   R$ 3.000,00

Débito de RCM   R$ 1.800,00

Crédito de Mercadorias   R$ 6.000,00

441) (ESAF/AFTN-1994/setemb.) Foram levantados os seguintes dados da contabilidade:

Estoque final de Mercadorias   R$ 40,00

Compras de Mercadorias	R$ 220,00
Devolução de compras	R$ 20,00
Lucro bruto de Vendas de Mercadorias	R$ 330,00
Devolução de vendas	R$ 80,00
Vendas de Mercadorias	R$ 880,00

As compras e as vendas estavam sujeitas a impostos de 20%

Os dados acima autorizam afirmar que o estoque inicial de Mercadorias era de:

a) R$ 190,00

b) R$ 238,00

c) R$ 254,00

d) R$ 194,00

e) R$ 214,00

442) (ESAF/AFRF-2001) Assinale a opção correta, levando em conta os seguintes dados:

Histórico	Quantidades	Valor total
Estoque inicial	120	1.200
Compras	400	5.040
Estoque final	20	240

O Resultado Operacional é de 2.000.

Desconsidere impostos incidentes sobre compras e vendas.

a) a Receita Bruta de Vendas é de 8.240

b) o custo unitário das compras é de 12,60

c) a Receita Líquida de Vendas é de 8.240

d) o Custo de Mercadorias Vendidas é de 6.240

e) o custo unitário das compras é de 12,00

443) (ESAF/TFC-1996) Observe as notas fiscais abaixo, para responder A SEGUINTE questão.

Nota Fiscal de Entrada

100 camisas a 50,00 5.000,00

IPI - 10 % 500,00

Total da Nota 5.500,00

ICMS 12 % 600,00

Nota Fiscal de Saída

40 camisas a 70,00 = 2.800,00

ICMS 17 % = 476,00

O Custo das Mercadorias Vendidas (nota fiscal de saída) foi de

a) 1.760,00

b) 2.464,00

c) 2.000,00

d) 2.200,00

e) 1.960,00

444) No sistema de inventário permanente, a escrituração contábil pode ser conferida com os assentamentos das fichas de controle de estoque. O saldo da conta Custo das Mercadorias Vendidas, por exemplo, deve corresponder, na ficha de controle de estoque, à soma da coluna de:

a) entradas mais a de saldos

b) saídas mais a de saldos

c) entradas

d) saídas

e) saldos

445)O Estoque Final de Mercadorias da firma "Zetabeta Ltda.", foi superavaliado, em R$ 32,00, no balanço encerrado em 31/12/79. Em decorrência, o lucro final apurado, naquele balanço, foi:

a) Subavaliado em R$ 32,00

b) Superavaliado em R$ 32,00

c) Não sofreu alteração

d) Coerente com o princípio contábil denominado "custo como base de valor"

e) As alterações são insignificantes

446) (ESAF/AFTN-1994/setemb.) Em um dado período, os registros da Comercial Brasileira Ltda., assinalam vendas a crédito de R$ 50,00, ao custo de R$ 30,00.

- as compras, sujeitas a ICMS de 20%, de R$ 60,00 foram feitas à vista;

- a empresa adota controle permanente de estoques e, no período, não se registraram perdas;

- os impostos incidentes sobre vendas foram de 20%;

- as vendas à vista somaram R$ 100,00, ao custo de R$ 60,00;

- os estoques iniciais de mercadorias eram de R$ 70,00

Dois lançamentos que se relacionam com as vendas das mercadorias, apresentados de forma unificada e simplificada (para maior facilidade), são:

a) pela aquisição das mercadorias:

Mercadorias

60,00

a Caixa

100,00

pela venda e apropriação dos custos das

50,00

mercadorias vendidas:

90,00 240,00

Diversos

a Mercadorias

Caixa

Duplicatas a Receber

Custo de Mercadorias Vendidas

b) pela venda das mercadorias:

Diversos

a Mercadorias para revenda

Caixa

100,00

Duplicatas a Receber

50,00 150,00

pela apropriação dos custos das mercadorias vendidas:

90,00

Custo de Mercadorias Vendidas

a Mercadorias para Revenda

c) pelo registro das aquisições de mercadorias:

Mercadorias

a Caixa

pela apropriação dos custos das

60,00

mercadorias vendidas:

72,00

Custo de Mercadorias Vendidas

a Mercadorias

d) pela venda das mercadorias

Caixa

a Diversos

a Mercadorias

80,00

a ICMS a Pagar

20,00 100,00

pela apropriação dos custos das

90,00

mercadorias vendidas:

Custo de Mercadorias Vendidas

a Mercadorias

e) pela apropriação dos custos das

mercadorias vendidas:

Custo de Mercadorias Vendidas

a Mercadorias   90,00

pela venda das mercadorias: 100,00

Diversos   <u>50,00</u> 150,00

a Vendas

Caixa

Clientes

447) No mês de outubro a firma Omar Telo de Barros realizou a seguinte movimentação de compras e vendas da única mercadoria com que trabalha e que é isenta de ICMS:

Estoque em 01.10: 2.200 unidades ao custo unitário de R$ 0,50

Vendas em 05.10: 1.000 unidades ao preço unitário de R$ 0,95

Compras em 10.10: 2.000 unidades ao custo unitário de R$ 0,90

Vendas em 30.10: 1.400 unidades ao preço unitário de R$ 0,95

Com estas operações, a empresa apresentará na Contabilidade um estoque final de mercadorias e um lucro operacional bruto (RCM), respectivamente de:

a) R$ 900,00 e R$ 280,00, se adotar o critério de avaliação UEPS

b) R$ 900,00 e R$ 280,00, se adotar o critério de avaliação PEPS

c) R$ 1.242,00 e R$ 622,00, se adotar o critério de avaliação Preço Médio

d) R$ 1.620,00 e R$ 1.000,00, se adotar o critério de avaliação UEPS

e) R$ 1.620,00 e R$ 1.000,00, se adotar o critério de avaliação PEPS

448) Informações:

Empresa: Comercial Moura Lima S/A

Mercadoria: Máquina de Calcular TI-1020

Período-base: 01/01 a 31/12/84

ICMS: taxa de 16% (para compra e venda); recuperável para a empresa

Data	Operação	Quantidade	Valor total da nota Fiscal (R$) com ICMS
20/02/84	Compra	100	1.000.000
14/05/84	Venda	70	1.000.000
23/08/84	Compra	50	1.000.000
02/11/84	Venda	40	1.000.000
31/12/84	Compra	30	1.000.000

O valor do estoque final da citada mercadoria, em 31/12/84, avaliado pelo método PEPS (o primeiro que entra é o primeiro que sai), importou em R$

a) 1.000.000

b) 1.800.000

c) 2.333.333

d) 588.000

e) 1.512.000

449) Num regime de economia inflacionária, o Custo das Mercadorias Vendidas será menor, se usado, para avaliação do estoque final de mercadorias, o sistema denominado de:

a) PEPS

b) UEPS

c) Média ponderada móvel

d) Valor de Mercado

e) Valor corrente

450) Uma empresa que possuía 100 unidades de mercadorias compradas a R$ 2,00 cada uma e compra 150 unidades a R$ 3,00 cada uma, vende 200 unidades a R$ 2,50 cada uma, compra mais 50 unidades a R$ 3,50 cada uma, nessa ordem de datas, terá, ao fim do período, um estoque de mercadorias no valor de:

a) R$ 325,00, se trabalhar com o critério UEPS

b) R$ 325,00, se trabalhar com o critério PEPS

c) R$ 200,00, se trabalhar com o critério PEPS

d) R$ 200,00, se trabalhar com o critério UEPS

e) R$ 275,00, se trabalhar com o critério Preço Médio

451) (ESAF-CVM/2001) Em economias nas quais a flutuação de preços ocorra de forma constante, o critério de apreçamento de estoques que resultará em valores de estoque final mais próximos dos preços praticados no mercado é:

a) Último que entra primeiro que sai

b) Média ponderada móvel

c) Média ponderada fixa

d) Primeiro que entra último que sai

e) Primeiro que entra primeiro que sai

452) (ANALISTACOMEX/ESAF/98) As empresas que adotam o sistema PEPS avaliam seus estoques considerando o custo:

a) das primeiras entradas

b) das últimas entradas

c) médio ponderado das entradas

d) das primeiras saídas

e) das últimas saídas

453) (TÉC.CONTABILIDADE-1999) Em 31.10.X1 o estoque da Cia Beta era de R$ 8.000,00, representado por 100 máquinas destinadas à revenda. Em novembro de X1 ocorreram as seguintes movimentações:

ICMS: Taxa de 18% (para compra e venda); recuperável para a empresa.

Data Operação Quantidade Valor total na nota

03.11 Compra 30   R$ 3.000,00

10.11 Venda 90   R$18.000,00

20.11 Compra 40   R$ 6.000,00

25.11 Venda 60   R$15.000,00

28.11 Compra 20   R$ 6.000,00

O valor do Custo das Mercadorias Vendidas, avaliado pelo método PEPS (o primeiro a entrar é o primeiro que sai) em novembro de X1, será de

(A) R$ 7.380,00

(B) R$ 9.000,00

(C) R$ 11.000,00

(D) R$ 12.920,00

(E) R$ 14.000,00

454) (ESAF/MPOG-2001) Em economias nas quais a flutuação de preços ocorra de forma constante, o critério de apreçamento de estoques que resultará em valores de estoque final mais próximos dos preços praticados no mercado é:

a) Último que entra primeiro que sai

b) Média ponderada móvel

c) Média ponderada fixa

d) Primeiro que entra último que sai

e) Primeiro que entra primeiro que sai

455) (FISCAL-ICMS/MS-2000) Em período de alta generalizada de preços (inflação), o método de custeio que permite manter o valor dos estoques mais próximos do preço de custo corrente é o:

A) Do Custo Específico.

B) Do Preço Médio Ponderado.

C) Do PEPS (FIFO) primeiro que entra, primeiro que sai.

D) Do UEPS (Lifo) último que entra, primeiro que sai.

456) (ESAF/TTN-98) Em 25 de março de 1998, a Firma Mento Ltda. pagou o total de R$ 210,00, na aquisição de 4 mesas, com a finalidade de revendê-las. Esse valor contém o preço das mesas com incidência de R$ 34,00 de ICMS e de R$ 10,00 de IPI.

- a empresa mantém controle permanente de estoques;

- o critério de avaliação utilizado é pelo método PEPS (Primeiro a Entrar é o Primeiro a Sair);

Após contabilizar essa aquisição de mercadorias a empresa deverá lançar na Ficha de Controle de Estoques, do item mesas para revenda, o valor unitário de

   a) R$ 44,00

   b) R$ 50,00

   c) R$ 46,50

   d) R$ 52,50

   e) R$ 41,50

457) (FISCAL ICMS/MS-2000) Em um cenário inflacionário, o método de controle de estoques UEPS (último que entra, primeiro que sai), pode ser usado de forma gerencial, pois;

A) Subavalia os lucros e superavalia os custos.

B) Subavalia os custos e superavalia os lucros.

C) Subavalia os lucros e subavalia os custos.

D) Superavalia os custos e superavalia os lucros.

458) (ESAF/AFRF-2001) A Comercial Estrela D'alva praticou as seguintes transações mercantis:

- em 02.11: compras a prazo de 300 unidades pelo preço total de R$ 600,00;

- em 10.11: vendas a prazo de 200 unidades pelo preço total de R$ 500,00;

- em 15.11: compras a vista de 160 unidades pelo preço total de R$ 400,00;

- em 30.11: vendas a vista de 150 unidades pelo preço total de R$ 450,00.

Considerando-se que em 31.10 a empresa já possuía 200 unidades ao custo unitário de R$ 1,50, podemos afirmar que:

a) se o critério de avaliação dos estoques for PEPS, o custo das vendas terá o valor de R$ 775,00

b) se o critério de avaliação dos estoques for PEPS, o estoque final terá o valor de R$ 525,00

c) se o critério de avaliação dos estoques for UEPS, o custo das vendas terá o valor de R$ 600,00

d) se o critério de avaliação dos estoques for UEPS, o estoque final terá o valor de R$ 525,00

e) se o critério de avaliação dos estoques for PEPS, o lucro bruto terá o valor de R$ 175,00

459) Foram feitas as seguintes aquisições do produto A:

31.01.96 - 30 unidades a R$ 10,00 cada uma

15.02.96 - 25 unidades a R$ 10,00 cada uma

28.02.96 - 25 unidades a R$ 12,00 cada uma

15.03.96 - 20 unidades a R$ 15,00 cada uma

Sabendo-se que:

1. não existia estoque inicial;

2. em 10.03.x6, foram vendidas 60 unidades ao preço de R$ 20,00 cada uma;

3. foi desconsiderado o destaque do ICMS;

Pode-se afirmar que o inventário, após a aquisição do dia 15.03.96, avaliado pelo custo médio ponderado, é de:

a) R$ 400,00

b) R$ 512,50

c) R$ 540,00

d) R$ 600,00

e) R$ 800,00

460) Observe as informações abaixo:

Histórico	Unidades	Custo Unitário
- Estoque Inicial	40.000	140
- Aquisição 01/89	30.000	160
- Aquisição 02/89	50.000	200
- Venda 03/89	30.000	-
- Venda 04/89	40.000	-
- Estoque final	50.000	-

Levando-se em conta essas informações, os métodos para avaliação de estoques reconhecidos por Média Ponderada e "PEPS", os custos unitários do estoque final são:

	Média Ponderada	"PEPS"
a)	200	160
b)	170	200
c)	140	200
d)	200	170
e)	140	170

461) A empresa Alpha Ltda., trabalha com um único item de estoques. Em dezembro o movimento de estoques ocorreu na seguinte ordem:

Estoque em 30/11 - 100 unidades a R$ 15,00

Vendas em 10/12 - 100 unidades a R$ 25,00

Compras em 25/12 - 100 unidades a R$ 30,00

Se a empresa Alpha avaliar o seu estoque pelo critério da Média ponderada Móvel, o seu estoque final de dezembro será de R$:

a) 1.500,00

b) 1.900,00

c) 2.250,00

d) 2.500,00

e) 3.000,00

462) Em regime inflacionário de economia, o lucro bruto com mercadorias terá escala ascendente de valor, se empregados pela ordem, os seguintes sistemas de avaliação de estoques:

a) UEPS - Média ponderada - PEPS

b) UEPS - PEPS - Média ponderada

c) PEPS - Média ponderada - UEPS

d) PEPS - UEPS - Média ponderada

e) Média ponderada - UEPS - PEPS

463) (AFTN/ESAF/98) A nossa empresa identificou seu estoque de mercadorias em 2.000 unidades avaliadas ao custo médio unitário de R$ 60,00. Logo após, promoveu uma venda de 1.500 unidades à vista, por R$ 150.000,00, numa operação isenta de tributação.

O comprador, todavia, mostrando-se insatisfeito com a transação, devolveu 20% da compra e ainda conseguiu obter um abatimento de 10% no preço.

Feita a renegociação e refeitos os registros cabíveis, a nossa empresa mantém um estoque de mercadorias assim formado:

a) 500 unidades a R$ 54,00 = R$ 27.000,00

b) 800 unidades a R$ 54,00 = R$ 43.200,00

c) 800 unidades a R$ 60,00 = R$ 48.000,00

d) 500 unidades a R$ 60,00 = R$ 30.000,00

e) 800 unidades a R$ 90,00 = R$ 72.000,00

464) (FISCAL/ICMS/SC-1998) A Cia. Lâmbda, empresa comercial típica, adota o regime de inventário permanente e avalia a única mercadoria que negocia pelo custo médio ponderado variável. Sabe-se que o correto saldo da conta ICMS a Recuperar no final de março de 1994 (após realizada a "apuração do ICMS" de março/94) é de $ 42,00. O trecho da ficha de controle físico-financeiro a seguir mostrado está correto e reflete as operações efetuadas pela Cia. Lâmbda até o dia 15/abr./94, com a mercadoria que negocia:

ENTRADAS S A Í D A S S A L D O

OPERAÇÕES	Quantidade	Valor Unitário	Valor Total	Quantidade	Valor Unitário	Valor Total	Quantidade	Valor Unitário	Valor Total
Estoque Inicial	---	---	---	---	---	---	20	10,000	200,00
1) Compra	30	14,1667	425,00	---	---	---	50	12,500	625,00
2) Venda	---	---	---	15	12,50	187,50	35	12,500	437,50

etc. etc. etc.

Sobre as 2 operações de abril de 1994 mostradas no trecho da "ficha de estoques" sabe-se que:

1 A compra foi a prazo e a alíquota do ICMS da Nota Fiscal foi de 15%. O fornecedor foi uma outra empresa comercial.

2 O cliente que adquiriu as 15 unidades foi outra empresa comercial típica. A alíquota de ICMS utilizada pela Cia. Lâmbda foi de 18% e o lucro operacional bruto desta operação foi de $ 796,50.

O valor cobrado do cliente que adquiriu as 15 unidades foi de

 A) $ 984,00.

 B) $ 1.101,00.

 C) $ 1.416,00.

 D) $ 1.200,00.

 E) $ 885,00.

465) (ESAF/TTN-98) Na primeira semana de abril de 1998, uma empresa comercial realizou o seguinte movimento de compra e venda de mercadorias:

02/04/98 - compra a prazo de 400 unidades de mercadorias pelo valor total de R$ 5.200,00;

03/04/98 - venda a prazo de 500 unidades de mercadorias pelo valor total de R$ 6.000,00;

04/04/98 - compra a vista de 400 unidades de mercadorias ao preço unitário de R$ 15,00;

05/04/98 - venda a vista de 200 unidades de mercadorias ao preço unitário de R$ 18,00.

- O estoque final dessas mercadorias em 31 de março de 1998 era de 200 unidades avaliadas ao custo unitário de R$ 10,00.

- A empresa em questão mantém controle permanente de estoques e o avalia pelo método do custo médio ponderado.

- As compras e as vendas dessas mercadorias estão isentas de tributação.

Com base nessas informações, podemos afirmar que:

 a) o custo total das vendas do dia 03 de abril foi de R$ 5.900,00

 b) o estoque final existente após a venda do dia 05 de abril é de 300 unidades ao custo médio unitário de R$ 14,40

 c) o lucro bruto total das operações exemplificadas alcançou a cifra de R$ 3.900,00

 d) ao todo, nesta semana, foram vendidas 700 unidades de mercadorias ao custo médio unitário de R$ 13,20

 e) o lucro bruto alcançado nas vendas do dia 05 de abril foi de R$ 3,00 por unidade

466) (FISCAL/ICMS/SC-1998) A Cia. Industrial Armada fabrica o item denominado "**beliscão**" cuja alíquota de IPI é de 12% incidente sobre o "valor da mercadoria" (neste "valor da mercadoria" incide a alíquota do ICMS destacado na Nota Fiscal a qual, na presente Questão, é de 17%).

A Cia. Industrial Armada vende 25 **beliscões** para a Lambida Ltda., empresa comercial típica, a qual fica devendo os $ 560,00 que é o valor global da Nota Fiscal que acompanhou os 25 **beliscões**.

Imediatamente antes de adquirir tais **beliscões**, a Lambida Ltda. já era proprietária de 10 deles, contabilmente registrados, todos eles, por $ 155,00. Imediatamente após a aquisição ela vende 20 **beliscões** a um consumidor final, por eles cobrando $ 400,00 (neste valor está incluído um ICMS de 17%).

Os **beliscões** que remanesceram em estoque na Lambida Ltda. estão avaliados por

    A) $ 238,00 se adotado o UEPS ("último a entrar, primeiro a sair").

    B) $ 250,00 se adotado o PEPS ("primeiro a entrar, primeiro a sair").

    C) $ 285,00 se adotado o UEPS ("último a entrar, primeiro a sair").

    D) $ 249,00 se adotado o PEPS ("primeiro a entrar, primeiro a sair").

    E) $ 270,00 se adotado o "custo médio ponderado variável".

467) (ESAF/AFC/97) Em setembro de 1997, a conta de Mercadorias para Revenda registrou a seguinte movimentação:

    05.09.97 Compra de 500 unidades, ao preço de 0,20 a unidade;

    10.09.97 Compra de 2.000 unidades, ao preço unitário de 0,25;

    15.09.97 Venda de 300 unidades, pelo valor total de 150;

    20.09.97 Compra de 600 unidades, pelo valor total de 150;

    25.09.97 Compra de 800 unidades, pelo valor total de 200;

    30.09.97 Venda de 3.000 unidades, ao preço unitário de 0,60.

Considere que:

- as compras e as vendas estão sujeitas a ICMS de 20%;

- a empresa avalia seus estoques pelo método de custo médio ponderado;

- o estoque, em 31.08.97, era de 200 unidades, ao custo unitário de 0,30;

- nos cálculos devem ser consideradas duas casas decimais;

- o saldo da conta CC/ICMS, em 31.08.97, era nulo.

Levando-se em conta os dados acima, podemos afirmar que o

    a) Lucro Bruto na venda de 30.09.97 é de 1.110

    b) Lucro Bruto na venda de 15.09.97 é de 78

    c) valor do estoque final, em 30.09.97, é de 188

d) Lucro Bruto nas vendas do período é de 1.200

e) saldo da conta C/C ICMS, em 30.09.97, é de 200

468) (ESAF/MPOG/2001) Durante o período, a empresa realizou, seqüencialmente, as seguintes operações com mercadorias:

A- aquisição de 10 unidades, a $ 5,00 cada uma;

B- aquisição de 10 unidades, a $ 8,50 cada uma;

C- venda de 15 unidades, a $ 10,00 cada uma;

D- aquisição de 5 unidades, a $ 10,00 cada uma.

O estoque inicial era de 5 unidades, a $ 3,00 cada uma. O estoque final era de

a) $ 150,00, pelo critério PEPS, no sistema de inventário periódico.

b) $ 107,50, pelo critério PEPS, no sistema de inventário permanente.

c) $ 110,00, pelo critério da Média Ponderada Móvel.

d) $ 90,00, pelo critério UEPS, no sistema de inventário periódico.

e) $ 65,00, pelo critério UEPS, no sistema de inventário permanente.

PEPS - Primeiro a entrar, primeiro a sair;

UEPS - Último a entrar, primeiro a sair.

469) (AGERS/RS/98) Considere uma economia com inflação constante, embora pequena, e um estoque com movimentação mensal de compras e baixas.

Entre os valores abaixo, qual se refere a estoques avaliados pelo método PEPS, admitindo que dos valores restantes, um seja UEPS, outro CMU e os demais não se refiram a estoques?

a) R$ 30,00

b) R$ 40,00

c) R$ 495,00

d) R$ 498,00

e) R$ 500,00

470) (ESAF/TTN-1994/vespertino) - Na movimentação de mercadorias controladas por ficha de estoque, podemos afirmar corretamente que:

a) o estoque final avaliado a preço médio é maior que o mesmo estoque avaliado a PEPS, num período de preços crescentes (inflacionário)

b) o estoque final avaliado a PEPS tem o valor das últimas entradas

c) o estoque final avaliado a UEPS tem o valor das últimas entradas

d) o estoque final tem o valor das compras menos o valor das vendas

e) o estoque final avaliado a preço médio é menor que o mesmo estoque avaliado a UEPS, num período de preços crescentes (inflacionário)

471) (ESAF/AFC/SFC-1996) Considere os dados a seguir:

31.05.96 Estoque inicial. 200 unidades avaliadas em 600;

05.06.96 Compra de 200 unidades pelo valor total de 750;

10.06.96 Compra de 280 unidades pelo valor total de 1.050;

15.06.96 Venda de 180 unidades pelo valor unitário de 5;

20.06.96 Venda de 100 unidades pelo valor unitário de 5,50;

25.06.96 Compra de 400 unidades pelo valor total de 2.500;

30.06.96 Venda de 300 unidades pelo valor total de 2.100;

30.06.96 Estoque final

Sabendo-se que:

- a empresa não procedeu a ajustes de estoques a valor de mercado.

- as compras e as vendas estão sujeitas a ICMS de 20% sobre o valor da transação,

podemos afirmar que o Custo das Mercadorias Vendidas, em junho de 1996, é de

a) 2.540, se os estoques foram avaliados pelo método PEPS

b) 2.040, se os estoques foram avaliados pelo método do custo médio ponderado

c) 2.040, se os estoques foram avaliados pelo método PEPS

d) 1.740, se os estoques foram avaliados pelo método UEPS

e) 1.740, se os estoques foram avaliados pelo método do custo médio ponderado

472) (FISCAL/ICMS/SC-1998) Suponha uma empresa comercial situada em um país onde os preços das mercadorias que adquire para revender sempre decrescem a cada nova compra que ela efetua. Suponha que ao longo de determinado período tal empresa efetuou diversas compras e diversas vendas, intercaladamente. Tendo em vista o cenário descrito, pode-se afirmar que

A) se a empresa adotar o método PEPS, os valores do **estoque final** e do **custo das mercadorias vendidas** serão, respectivamente, menor e maior do que se adotar o método UEPS.

B) se a empresa adotar o método PEPS, os valores do **estoque final** e do **custo das mercadorias vendidas** serão, respectivamente, maior e menor do que se adotar o método UEPS.

C) se a empresa adotar o método UEPS, os valores do **estoque final** e do **custo das mercadorias vendidas** serão, respectivamente, menor e maior do que se adotar o método PEPS.

D) se a empresa adotar o método PEPS, os valores do **estoque final** e do **custo das mercadorias vendidas** serão, respectivamente, maior e igual do que se adotar o método UEPS.

E) se a empresa adotar o método UEPS, os valores do **estoque final** e do **custo das mercadorias vendidas** serão, respectivamente, maior e igual do que se adotar o método PEPS.

473) (AFTN/ESAF/96) A CIA AMAZÔNIA compra a prazo lotes de um determinado produto na seguinte ordem:

LOTE DATA AQUISIÇÂO QUANTIDADES PREÇO UNITÁRIO

LOTE	DATA AQUISIÇÂO	QUANTIDADES	PREÇO UNITÁRIO
A	04.01.X1	500	$ 400.00
B	20.01.X1	1.000	$ 450,00
C	27.01.X1	2.000	$ 520,00

Considerando ainda que:

I - sobre as compras do Lote A foram pagos fretes no valor de $ 20 por unidade transportada em 05.01.X1;

II - devolução em 21.01.X1 de 200 unidades do Lote B;

III - sobre as compras do lote C foi concedido um abatimento no valor de $ 118.400 em 28.01.X1;

IV - no mês foram consumidas: 1.200 unidades, em 23.01.X1 e 2.000 unidades, em 30.01.X1.

Com base nestes dados, pode-se afirmar que o valor dos estoques consumidos, de acordo com a média ponderada fixa foi de

a) $ 1.445.626,38

b) $ 1.570.000,00

c) $ 1.449.600,00

d) $ 1.446.400,00

e) $ 1.445.520,00

474) (ESAF/AFTN-1989) No mês de outubro, a firma Omar Telo de Barros realizou a seguinte movimentação de compras e vendas da única mercadoria com que trabalha e que é isenta de ICMS:

Estoque em 01.10: 2.200 unidades ao custo unitário de R$ 0,50

Vendas em 05.10: 1.000 unidades ao preço unitário de R$ 0,95

Compras em 10.10: 2.000 unidades ao custo unitário de R$ 0,90

Vendas em 30.10: 1.400 unidades ao preço unitário de R$ 0,95

Com estas operações, a empresa apresentará na Contabilidade um estoque final de mercadorias e um lucro operacional bruto (RCM), respectivamente, de:

a) R$ 900,00 e R$ 280,00, se adotar o critério de avaliação UEPS

b) R$ 900,00 e R$ 280,00, se adotar o critério de avaliação PEPS

c) R$ 1.242,00 e R$ 622,00, se adotar o critério de avaliação Preço Médio

d) R$ 1.620,00 e R$ 1.000,00, se adotar o critério de avaliação UEPS

e) R$ 1.620,00 e R$ 1.000,00, se adotar o critério de avaliação PEPS

475) (FISCAL/ICMS–MS/2000) Assinale a alternativa mais apropriada para expressar o Resultado Líquido do Período:

A) Vendas menos Custo das Mercadorias Vendidas.

B) Resultado com Mercadorias menos Outras Receitas, mais Outras Despesas.

C) Vendas Brutas menos Devoluções, mais Tributos, menos Resultado Bruto.

D) Resultado com Mercadorias mais Outras Receitas, menos Outras Despesas.

476) (ESAF/CVM/2001) Resumo das operações realizadas durante o exercício social de 2000 pela Cia. Sol Nascente com o produto A.

Data Histórico Quant. Valor unitário Valor total

01.01.00 Estoque inicial 10 10,00 100,00

20.01.00 Aquisição 20 7,00 140,00

05.03.00 Venda 5 12,00 60,00

15.04.00 Venda 10 11,00 110,00

06.06.00 Aquisição 10 12,00 120,00

09.08.00 Venda 5 14,00 70,00

20.12.00 Venda 18 15,00 270,00

O estoque final do produto foi avaliado em R$ 22,00.

Conclui-se do exposto que o critério de avaliação de estoques usado foi o (a)

a) PEPS (primeiro a entrar, primeiro a sair)

b) UEPS (último a entrar, primeiro a sair)

c) Média ponderada móvel

d) média simples dos preços relativos às aquisições efetuadas durante o exercício

e) preço específico

477) A compra de equipamento para uso da própria empresa, pagando-se uma entrada em dinheiro e aceitando-se duplicatas pelo valor restante, será contabilizada através de um único lançamento de:

a) segunda fórmula

b) primeira fórmula

c) fórmula simples

d) terceira fórmula

e) quarta fórmula

478) A quitação por parte do sacado de uma duplicata descontada no banco deve ser assim contabilizada pela empresa emitente:

a) Bancos c/Movimento

a Duplicatas Descontadas

b) Duplicatas Descontadas

a Banco c/Movimento

c) Duplicatas a Receber

a Duplicatas Descontadas

d) Bancos c/Movimento

a Duplicatas a Receber

e) Duplicatas Descontadas

a Duplicatas a Receber

479) Indique a operação que represente aplicação de recursos:

a) pagamento de empréstimos a curto prazo

b) integralização, em dinheiro, de capital subscrito anteriormente por acionistas

c) empréstimos obtidos a longo prazo

d) transformação do Realizável a Longo Prazo em Ativo Circulante

e) prejuízo apurado no exercício

480) A empresa S/A Modelo de Indústria emitiu a NF nº 1.234 para vender à Cia. Comercial de Varejo 400 bandejas inox, modelo 2, ao preço unitário de R$ 50,00, com IPI de 10% e ICMS de 17%.

A empresa Cia. Comercial de Varejo emitiu a NF nº 0172 para vender ao Sr. José Maria 40 bandejas compradas da S/A Modelo de Indústria. Obteve um preço de R$ 100,00 por unidade, com ICMS de 17%.

Baseados apenas nas informações constantes das notas fiscais acima, podemos afirmar com certeza que a Cia. Comercial de Varejo obteve um Lucro Operacional Bruto de:

a) R$ 2.000,00

b) R$ 1.660,00

c) R$ 1.460,00

d) R$ 1.120,00

e) R$ 2.140,00

GABARITO DOS EXERCÍCIOS DESTE CAPÍTULO

352- C 353- C 354- C 355- C 356- E 357- D 358- B   359- E 360- E 361- B

362- B 363- A 364- B 365- D 366- E 367- B 368- E C E C E 369- E 370- D

371- A 372- C 373- E 374- E 375- E 376- E 377- C   378- B 379- A 380- E

381- A 382- C 383- D 384- D 385- D 386- D 387- B   388- D 389- E 390- A

391- A 392- A 393- B 394- A 395- C 396- C 397- C   398- C 399- E 400- A

401- D 402- C 403- D 404- E 405- D 406- A 407- D   408- C 409- E 410- D

411- C 412- D 413- B 414- E 415- D 416- E 417- E   418- A 419- D 420- C

421- C 422- B 423- A 424- A 425- A 426- E 427- C   428- D 429- B 430- E

431- A 432- D 433- A 434- C 435- D 436- B 437- A   438- D 439- A 440- A

441- A 442- B 443- E 444- D 445- B 446- E 447- E   448- E 449- A 450- B

451- E 452- D 453- D 454- E 455- C 456- A 457- A   458- D 459- B 460- B

461- E 462- A 463- C 464- D 465- B 466- E 467- E   468- C 469- E 470- B

11 - AJUSTES E OPERAÇÕES DE ENCERRAMENTO

481) (FISCAL/ICMS–MS/2000) A Milênio Ltda. encerra o seu exercício contábil no dia 31 de dezembro de cada ano fiscal. A empresa processa o pagamento dos salários do mês de dezembro no mês seguinte, isto é, em janeiro. Habitualmente, deixa de efetuar o lançamento correspondente de ajuste pelo regime de competência de exercícios. Assinale, dentre as alternativas abaixo, aquela que melhor reflete a conseqüência desse procedimento:

A) Diminuição do lucro do exercício.

B) Aumento do lucro do exercício.

C) Aumento das despesas do exercício.

D) Diminuição do saldo de caixa do exercício.

482) (AGERS/RS/98) Considere os dados correspondentes à renovação de uma apólice de seguro.

Valor do seguro atual = R$ 1.680,00

Vencimento da apólice = 30.05.X0

Prazo do novo seguro = 1 ano

Valor do novo seguro = 40% maior do que o vigente

Vigência da nova apólice = 01.06.X0

Data do pagamento da renovação = 01.05.X0

Em junho de 19X0, qual a despesa conhecida, em R$, de 19X0 e 19X1 respectivamente?

a) 1.568 e 784

b) 980 e 1.372

c) 2.352 e 0(zero)

d) 1.372 e 980

e) 980 e 700

483) (ESAF-CVM/2001) Depois que todos os fatos ocorridos em dezembro foram contabilizados, o Contador da firma Leisa elaborou um balancete com as seguintes contas e saldos:

Caixa 100,00

Mercadorias 300,00

Material de Consumo 20,00

Duplicatas a Receber 400,00

Notas Promissórias a Receber 280,00

Duplicatas a Pagar 700,00

Notas Promissórias a Pagar 330,00

Impostos a Recolher 120,00

Salários a Pagar 150,00

Capital Social 1.100,00

Lucros Acumulados 140,00

Imóveis 300,00

Ações de Coligadas 200,00

Móveis e Utensílios 300,00

Receita de Vendas 1.000,00

Receitas Diversas 200,00

Custo das Vendas 600,00

Despesas Operacionais 420,00

Despesas Não-Operacionais 120,00

Ao elaborar o Balanço Patrimonial, entretanto, o Contador deparou com a necessidade de reclassificar algumas contas tendo em vista os seguintes motivos:

- ainda não fora contabilizado um aumento de capital de R$ 100,00, havido no exercício com a utilização de lucros anteriores;

- no resultado havia R$ 100,00 de despesas pagas antecipadamente e R$ 70,00 de receitas recebidas antecipadamente;

- nos títulos foi verificado que R$ 250,00 das duplicatas e R$ 150,00 das notas promissórias emitidas pela Leisa, têm vencimento a longo prazo, em relação à data deste balanço;

- o Imposto de Renda do exercício ainda não fora provisionado.

Realizadas corretamente essas modificações, podemos dizer que o Balanço Patrimonial deverá apresentar um novo Ativo Circulante no valor de

a) R$ 950,00

b) R$ 880,00

c) R$ 850,00

d) R$ 800,00

e) R$ 670,00

484) (ESAF/AFTN-1994/março) A Cia. Comercial Linda, cujo período-base coincide com o ano calendário, contratou, em 01/09/X3, um empréstimo bancário com vencimento para 31/08/X4, pagando, antecipadamente, naquela data, $ 720,00 de juros e correção monetária prefixada ($ 60,00 por mês). O Balanço Patrimonial de 31/12/X3, em decorrência dessa operação financeira, apresentou

a) um acréscimo disponível de $ 240.00

b) um valor realizável a curto prazo de $ 240,00

c) uma realização a longo prazo de $ 720,00

d) uma despesa do exercício seguinte de $ 480,00

e) um passivo circulante de $ 480,00

485) (AFTN/ESAF/96) A contrapartida das contas de Provisões são contas do (de)

a) Ativo

b) Receita

c) Passivo

d) Reservas

e) Resultado

486) (ESAF/TRF-2000) Em 31.12.1999 a firma Dubitatia Ltda. fez a estimativa de que, provavelmente, perderia no ano seguinte R$ 670,00 no recebimento das duplicatas de sua emissão. Nessa mesma data havia saldo anterior de R$ 320,00 na conta Provisão para Devedores Duvidosos.

Considerando válida a expectativa de perda e corretos os cálculos efetuados, essa empresa deverá, para adequar seu balanço aos princípios contábeis fundamentais, mandar fazer o seguinte lançamento:

a) Devedores Duvidosos

a Provisão para Devedores Duvidosos 350,00

b) Provisão para Devedores Duvidosos

a Duplicatas a Receber 320,00

c) Devedores Duvidosos

a Provisão para Devedores Duvidosos 670,00

d) Devedores Duvidosos

a Duplicatas a Receber 670,00

e) Devedores Duvidosos

a Provisão para Devedores Duvidosos 990,00

487) (ESAF/TFC-1996) O valor de uma duplicata julgada incobrável foi debitado na conta Provisão para Créditos de Liquidação Duvidosa em contrapartida com Duplicatas a Receber.

O lançamento realizado:

a) reduziu o valor do Ativo Circulante

b) reduziu o lucro líquido do exercício, apesar de serem patrimoniais as contas debitada e creditada

c) reduziu o lucro líquido do exercício porque a conta debitada é conta de resultado

d) não interferiu no resultado do exercício porque são patrimoniais as contas debitada e creditada

e) não interferiu no resultado do exercício, apesar de a conta debitada ser conta de resultado

488) (FISCAL/ICMS–MS/2000) Assinale a alternativa correta quando for registrada a baixa de um cliente incobrável no montante de R$300,00 (Valores em R$):

A) Débito = Clientes 300 / Crédito = Devedores Incobráveis 300

B) Débito = Clientes 300 / Crédito = Provisão para Devedores Duvidosos 300

C) Débito = Provisão para Devedores Duvidosos 300 / Crédito = Clientes 300

D) Débito = Clientes Duvidosos 300 / Crédito = Devedores Incobráveis 300

489) (ESAF/AFTN-1991) O registro contábil da provisão para "Créditos de Liquidação Duvidosa" tem como contrapartida devedora a conta de resultado

a) Despesas com a Constituição de Provisões

b) Provisão para Devedores Duvidosos

c) Duplicatas a Receber

d) Lucros Acumulados

e) Despesas do Exercício Seguinte

490) (AFTN/ESAF/98) A empresa Cravos e Rosas S/A, ao encerrar o exercício social em 31.12.19x7, tinha estoques de bens de vendas de 100 mil unidades, ao custo unitário de R$ 1,00 (um real) e duplicatas emitidas em vendas a prazo, no valor total de R$ 200.000,00 (duzentos mil reais).

- a empresa tem experiência válida e comprovada, nos últimos três exercícios, de que 2% de seus créditos costumam se tornar iliquidáveis;

- o preço de mercado de suas mercadorias foram cotados a R$ 1,10 (um real e dez centavos) a unidade, no dia do balanço;

- as duplicatas a receber ainda não estão vencidas.

Ao aplicar integralmente o princípio contábil da prudência, referida empresa apresentará, em balanço, esse Ativo Circulante (estoques e créditos) pelo valor contábil de

a) R$ 294.900,00

b) R$ 298.900,00

c) R$ 296.000,00

d) R$ 297.100,00

e) R$ 300.000,00

491) (AGERS/RS/98) Dentre os lançamentos, para que um crédito prescrito seja retirado do patrimônio, somente é válido:

a) Credores

a Insubsistências ativas

b) Credores

a Prescrição de dívidas

c) Devedores

a Superveniências ativas

d) Insubsistências passivas

a Devedores

e) Créditos prescritos

a Receitas eventuais

492) (FISCAL/ICMS–MS/2000) O mecanismo da depreciação é um procedimento contábil que ajusta:

A) Todo o ativo permanente intangível.

B) Parcialmente o ativo permanente tangível.

C) Parcialmente o ativo permanente intangível.

D) Todo o ativo permanente tangível.

493) (ESAF/AFTN-1994/setembro) Em 01.07.96 foi adquirido equipamento, por R$ 100,00, em substituição a outro considerado obsoleto, sendo que:

20% do valor do equipamento adquirido foi amortizado com a entrega do equipamento súbstituído, como parte do pagamento;

à época, o valor de aquisição do equipamento antigo, como registrado na contabilidade, era de R$ 30,00 e a depreciação acumulada alcançava 80% desse valor;

ambos os equipamentos são depreciados à taxa anual de 10% e a depreciação é reconhecida nos resultados por ocasião do encerramento do exercício social;

não deve ser considerado o efeito de correção monetária.

No balancete de verificação levantado para efeito de balanço de encerramento do exercício, em 31.12.96 encontramos as seguintes contas e valores:

a) Equipamentos   R$ 130,00

Depreciação de equipamentos   R$ 29,00

Resultado na venda de equipamentos R$ 6,00

b) Equipamentos   R$ 100,00

Depreciação de equipamentos   R$ 5,00

Resultado na venda de equipamentos R$ 14,00

c) Equipamentos   R$ 100,00

Depreciação de equipamentos   R$ 29,00

Resultado na venda de equipamentos R$ 6,00

d) Equipamentos   R$ 100,00

Depreciação de equipamentos   R$ 80,00

Resultado na venda de equipamentos (R$ 10,00)

e) Equipamentos   R$ 130,00

Depreciação de equipamentos   R$ 34,00

Resultado na venda de equipamentos R$ 10,00

494) (ESAF/AFRF-2001) Um bem depreciável, com vida útil de 20 anos, foi comprado por Nossa Firma em 01-04-20X1, mas só foi instalado para uso em primeiro de julho. O valor total da aquisição foi R$ 20.000,00 e deverá ser depreciado com um valor residual de 10%, em contabilização anual.

Se a empresa adotar o método de depreciação conhecido como método linear, no balanço patrimonial de 20X3, este bem já terá sido depreciado em

a) 15,00%

b) 22,50%

c) 13,75%

d) 12,50%

e) 23,75%

495) (FISCAL-FORTALEZA-ESAF/98) Os registros contábeis relativos a um veículo de uso da empresa consignam os seguintes valores:

- Valor de aquisição, corrigido monetariamente 8.000,00

- Depreciação acumulada   3.000,00

A empresa deve escriturar agora uma depreciação de 10%. Fará isso mediante o seguinte lançamento:

a) Encargos de Depreciação

a Depreciação Acumulada 800,00

b) Encargos de Depreciação

a Veículos 800,00

c) Encargos de Depreciação

a Veículos 500,00

d) Encargos de Depreciação

a Depreciação Acumulada 500,00

e) Depreciação Acumulada

a Veículos 800,00

496) (ESAF/TCE-RN/2001) A firma SONÓS LTDA. tem exercício social coincidente com o ano-calendário. No seu balanço patrimonial de 1998 constam, entre outras, as contas VEÍCULOS com saldo de R$ 9.000,00 e DEPRECIAÇÃO ACUMULADA - VEÍCULOS, com saldo de R$ 4.900,00.

Informações internas indicam a existência nessa conta de 3 automóveis cujas placas são: AAX, AAY e AAZ.

O carro AAX foi incorporado em 01/01/1996, por R$ 3.000,00.

O carro AAY foi incorporado em 01/04/1996, por R$ 2.000,00 e foi vendido a vista por R$ 1.300,00 em 30/12/1999.

O carro AAZ foi incorporado em 01/07/1996, por R$ 4.000,00.

O método de depreciação utilizado pela firma é o da linha reta.

Inicialmente, a vida útil dos veículos foi estimada em 5 anos mas, pelas condições de uso, a vida útil passou a ser estimada em 2 anos, após dezembro de 1998.

Com fulcro nas informações acima, após contabilizar a depreciação dos veículos no exercício de 1999, podemos dizer que:

a) a taxa total ajustada de depreciação aplicada ao veículo vendido alcançou 77,5%

b) a alienação do veículo AAY gerou um lucro contábil de R$ 800,00

c) o encargo de depreciação de veículos no ano de 1999 foi de R$ 1.800,00

d) a conta depreciação acumulada, no balanço de 1999 após a baixa do veículo vendido, terá saldo de R$ 2.050,00

e) os dois veículos não vendidos terão, no balanço de 1999, o valor contábil de R$ 7.000,00

497) (ESAF/AFTN-1994/março) Balancete Final de 31/12/X2 da empresa VECTOR S/A

- Valor corrigido da conta Veículos $ 10.000,00

Valor corrigido da Conta Depreciação Acumulada

de Veículos $ 8.000,00

Balancete Final de 31/12/X3 da empresa VECTOR S/A

- Valor corrigido da conta Veículos $ 60.000,00

Valor corrigido da conta Depreciação Acumulada

de Veículos $?

Outros Dados

- Taxa de Depreciação Anual Utilizada: 20% (vinte por cento)

- Não houve aquisições ou baixas de veículos no ano-base de X3

- Na correção monetária foi utilizado o índice oficial de desvalorização da moeda nacional

0 valor corrigido da conta Depreciação Acumulada de Veículos no Balancete Final de 31/12/X3, após os registros contábeis do encargo de depreciação e da correção monetária do balanço concernentes, importou em

a) $ 50.000,00

b) $ 45.000,00

e) $ 42.000,00

d) $ 40.000,00

e) $ 10.000,00

498) (**ESAF/AFTN-1994/março**) Lançamentos Simplificados (Contas e Valores)

1) Provisão para Devedores Duvidosos

a Duplicatas a receber $ 36.000,00

2) Devedores Duvidosos

a Provisão para Devedores Duvidosos $ 210.000,00

3) Encargos de Depreciação

a Depreciação Acumulada de Veículos $ 70.000,00

4) Contas a pagar

a Caixa $ 26.000,00

5) Prêmios de Seguros a Vencer

a Contas a Pagar $ 44.000,00

6) Caixa

a Receitas Financeiras $ 2.000,00

Nos lançamentos acima, os valores debitados em Contas de Resultado totalizam

a) $ 306.000,00

b) $ 280.000,00

c) $ 254.000,00

d) $ 150.000,00

e) $ 114.000,00

499)(**ESAF/AFTN-1989**) O Balancete Final, em 31/12/88, da Indústria de Tecidos Estrela do Sul S/A, apresentou, entre outros, os seguintes saldos:

CONTAS   SALDOS (R$)

- Tear Howa   87.000.000,00 (D)

- Depreciação acumulada do tear Howa 50.025.000,00 (C)

Considerando que, desde o mês da sua entrada em funcionamento, o referido tear só foi utilizado em 01 (um) turno diário de 8 (oito) horas e que na contabilidade os encargos de depreciação pertinentes sempre foram registrados pela taxa anual de 10% (dez por cento), o **período restante de depreciação**, se mantidas a mesma taxa e a continuidade na contabilização dos encargos, era, naquela data, de:

a) 4 anos e 9 meses

b) 4 anos e 3 meses

c) 4 anos e 1 mês

d) 5 anos e 3 meses

e) 575 dias

500) (TÉC-CONTAB/CONTROLADORIA-99) Com base nos demonstrativos contábeis

A) a conta depreciação acumulada é uma conta de resultado

B) os bens e direitos não representam investimentos

C) quando os bens e direitos forem iguais às obrigações, o patrimônio líquido é positivo

D) o lucro bruto é a diferença entre a receita bruta menos as deduções

E) quando as aplicações de recursos (Ativo) são menores que as origens de recursos (Capital de Terceiros), temos um passivo a descoberto

501) (ESAF/AFRF-2001) A firma Duplititus opera com vendas a prazo alternando a cobrança em carteira e em bancos, mediante desconto de duplicatas. Em primeiro de abril mantinha as duplicatas de sua emissão nºs 03, 05 e 08 em carteira de cobrança e as de nºs 04, 06 e 07, descontadas no banco. Cada uma dessas letras tinha valor de face de R$ 60,00, exceto a nº 07, cujo valor era R$ 70,00.

Durante o mês de abril ocorreram os seguintes fatos:

- vendas a prazo com emissão das duplicatas nºs 09, 10 e 11 (3x50): R$ 150,00

- vendas a vista mediante notas fiscais:	R$ 200,00
- desconto bancário das duplicatas nºs 09 e 10;	R$ 100,00
- recebimento em carteira das duplicatas nºs 03 e 05;	R$ 120,00
- devolução pelo banco da duplicata nº 04, sem cobrar;	R$ 60,00
- recebimento pelo banco da duplicata nº 07.	R$ 70,00

Com essas informações podemos concluir que, após a contabilização, o saldo final das contas Duplicatas a Receber e Duplicatas Descontadas será, respectivamente, de:

a) R$ 160,00 e R$ 330,00

b) R$ 330,00 e R$ 160,00

c) R$ 140,00 e R$ 160,00

d) R$ 200,00 e R$ 220,00

e) R$ 330,00 e R$ 220,00

502) (ESAF/TFC-1996)

Duplicatas Descontadas 20.000,00

Descontos Passivos 2.000,00

a Duplicatas a Receber 20.000,00

a Banco c/Movimento 2.000,00

O lançamento acima corresponde a um aviso bancário vazado nos seguintes termos:

a) "Comunicamos o recebimento de duplicata de seu endosso, com o abatimento de 2.000,00 autorizado por V. Sª. e debitado em sua conta."

b) "Comunicamos o desconto de duplicata de seu endosso, com débito em sua conta de 2.000,00, referente a comissões e juros deste banco."

c) "Comunicamos o desconto de duplicata de seu endosso, cujo valor líquido creditamos em sua conta."

d) "Comunicamos a devolução, por incobrável, de duplicata de seu endosso. Debitamos a V. Sª. 2.000,00 de despesas bancárias."

e) "Comunicamos o recebimento de duplicata de seu endosso, cujo valor líquido creditamos em sua conta. "

503) (ESAF/AFC/SFC-1996) Os saldos das contas Duplicatas a Receber e Duplicatas Descontadas, em 31.12.95, eram, respectivamente de R$ 1.000,00 e R$ 600,00

No mês de janeiro de 1996 registraram-se os seguintes fatos, em R$

- desconto de duplicatas em bancos 2.500,00

- duplicatas descontadas devolvidas pelo banco sem cobrança 300,00

- recebimento de duplicatas em carteira 800,00

- recebimento de duplicatas descontadas em bancos 1.500,00

- vendas a prazo 4.000,00

- vendas a vista 2.000,00

O saldo da conta Duplicatas a Receber, em 31 de janeiro de 1996, é de

a) R$ 1.400,00

b) R$ 2.400,00

c) R$ 2.700,00

d) R$ 2.900,00

e) R$ 4.200,00

504) (TÉC-CONTAB/CONTROLADORIA-99) Foi creditado na conta bancária da empresa o valor de R$ 220,00 proveniente do recebimento de uma duplicata no valor de R$ 200,00 acrescidos de R$ 20,00 de juros. Como deverá ser contabilizado esse valor?

A)
        duplicatas a receber

        a diversos

        a bancos c/ movimento 200,00

        a juros passivos 20,00 220,00

B)
        caixa

        a diversos

a duplicatas a receber 200,00

a juros passivos 20,00 220,00

bancos c/ movimento

a diversos

C)

a duplicatas a receber 200,00

a juros ativos 20,00 220,00

duplicatas a receber

a diversos

D)

a caixa 200,00

a juros ativos 20,00 220,00

caixa

a diversos

E)

a duplicatas a receber 200,00

a juros ativos 20,00 220,00

505) (ESAF/AFTN-1994/setembro) O saldo, em 01.06.93, da conta Duplicatas a Receber era de R$ 45,00

No mês de junho ocorreram os seguintes fatos:

- vendas a prazo	R$ 190,00
- vendas à vista	R$ 240,00
- recebimento de duplicatas	R$ 30,00
- desconto de duplicatas, no Banco Segurança	R$ 110,00
- recebimento duplicatas, pelo Banco Segurança	R$ 90,00

Considerando que o Banco devolveu, sem cobrar, duplicatas descontadas no valor de R$ 20,00, podemos afirmar que o saldo da conta Duplicatas a Receber, em 30.06.93 era de:

a) R$ 355,00

b) R$ 95,00

c) R$ 235,00

d) R$ 135,00

e) R$ 115,00

506) (ESAF/TCE-RN/2001) Tendo certa empresa recebido aviso do banco, comunicando o recebimento, e respectiva quitação, de uma duplicata descontada com ele, a Contabilidade dessa empresa deverá fazer o seguinte lançamento:

a) Bancos c/ Movimento

a Duplicatas a Receber

b) Duplicatas a Receber

a Bancos c/ Movimento

c) Títulos Descontados

a Duplicatas a Receber

d) Títulos Descontados

a Bancos c/ Movimento

e) Duplicatas a Receber

a Títulos Descontados

507) (ESAF/AFTN-1989) A empresa Cia. Das Flores tinha duplicatas a receber descontadas no Banco do Brasil. Em 30.09 recebeu o aviso de que o Banco recebera uma delas no valor de R$ 1.000,00.

Para contabilizar o evento, o Contador deverá fazer o seguinte lançamento:

a) Banco c/ Movimento

        R$ 1.000,00

a Duplicatas Descontadas

b) Duplicatas Descontadas

        R$ 1.000,00

a Duplicatas a Receber

c) Bancos c/ Movimento
          R$ 1.000,00
a Duplicatas a Receber

d) Duplicatas Descontadas
          R$ 1.000,00
a Banco c/ Movimento

e) Duplicatas a Receber
          R$ 1.000,00
a Duplicatas Descontadas

508) (ESAF/TRF-2000) Se uma empresa mantém todas as duplicatas de sua emissão em determinado banco, em operação de desconto, os seus clientes serão creditados quando a(o)

a) duplicata for descontada no banco

b) duplicata for enviada ao banco para desconto

c) banco acusar o recebimento da duplicata

d) banco emitir o aviso de crédito

e) cliente pagar a duplicata no banco

509) (FISCAL/ICMS–MS/2000) A empresa Nossa S.A. descontou duplicatas no Banco Insegurança S.A., no total de R$10.000,00, em 16 de dezembro de 1999. No dia 3 de janeiro de 2000 recebeu um aviso do banco comunicando o recebimento de uma duplicata anteriormente descontada, no montante de R$200,00. Assinale a alternativa abaixo que melhor registre esse fato (Valores em R$):

A) Débito = Duplicatas a receber 200

Crédito = Títulos descontados 200.

B) Débito = Bancos conta movimento 200

Crédito = Duplicatas a receber 200.

C) Débito = Títulos descontados 200

Crédito = Duplicatas a Receber 200.

D) Débito = Duplicatas a receber 200

Crédito = Bancos conta movimento 200.

510) **(ESAF/TTN-98)** Quando a Empresa Comercial Ltda. realizou uma operação de desconto bancário, enviando ao Banco S/A a duplicata n.º 3112, que tinha a receber de Sebastião Silva-ME, o seu Contador realizou corretamente o seguinte lançamento:

Duplicatas Descontadas

a) Despesas Bancárias

a Duplicatas a Receber

Duplicatas Descontadas

b) a Bancos Conta Movimento

a Despesas Bancárias

Bancos Conta Movimento

c) Despesas Bancárias

a Duplicatas Descontadas

Bancos Conta Movimento

d) Despesas Bancárias

a Duplicatas a Receber

Bancos Conta Movimento

Despesas Bancárias

e)

a Duplicatas Descontadas

a Duplicatas a Receber

511) **(AFTN/ESAF/96)** Em 01.10.19X1 a CIA ALVORECER desconta uma nota promissória de $ 100.000,00, com vencimento previsto para 31.01.19X2 e juros de $ 8.000,00.

Com base nesta afirmativa, assinale a opção correta nas questões 08 e 09.

Na data da operação o registro contábil efetuado foi:

a) débito de $ 92.000,00 na conta "Notas Promissórias a Pagar" e crédito de igual valor na conta "Bancos Conta Movimento"

b) débitos de $ 8.000,00 em "Despesas Financeiras de Juros" e $ 92.000,00 em "Bancos c/ Movimento" e crédito de $ 100.000,00 em "Notas Promissórias a Pagar"

c) débito de $ 8.000,00 em "Encargos Financeiros a Transcorrer", $ 92.000,00 em "Bancos c/ Movimento" e crédito de $ 100.000,00 em "Notas Promissórias a Pagar"

d) débitos de $ 8.000,00 em "Resultados de Exercícios Futuros - Juros Ativos", $ 92.000,00 em "Bancos c/ Movimento" e crédito de $ 100.000,00 em "Notas Promissórias a Pagar"

e) débitos de $ 92.000,00 na conta "Bancos c/ Movimento" e crédito de igual valor na conta "Nota Promissória a Pagar"

512) (AFTN/ESAF/96) Em 31.12.19X1, quando a empresa apresentar seu Balanço Patrimonial, o efeito gerado pela operação retro citada na apuração do resultado da empresa é

a) nulo, por se tratar de Resultado de Exercícios Futuros

b) de apropriação de despesa financeira em $ 4.000,00

c) de apropriação de despesa financeira em $ 8.000,00

d) de apropriação de despesa financeira em $ 2.000,00

e) de apropriação de despesa financeira em $ 6.000,00

GABARITO DOS EXERCÍCIOS DESTE CAPÍTULO

481- C 482- D 483- A 484- D 485- E 486- A 487- D 488- C 589- A 490- C

491- D 492- B 493- B 494- D 495- A 496- A 497- A 498- B 499- B 500- E

501- B 502- A 503- C 504- C 505- E 506- C 507- B 508- C 509- C 510- C

511- C 512- E

www.ingramcontent.com/pod-product-compliance
Lightning Source LLC
Chambersburg PA
CBHW020900180526
45163CB00007B/2578